AF547584

GRöLS
Verlage

„BÜCHER SIND WIE FALLSCHIRME. SIE NÜTZEN UNS NICHTS, WENN WIR SIE NICHT ÖFFNEN."

Gröls Verlag

Redaktionelle Hinweise und Impressum

Das vorliegende Werk wurde zugunsten der Authentizität sehr zurückhaltend bearbeitet. So wurden etwa ursprüngliche Rechtschreibfehler *nicht* systematisch behoben, denn kleine Unvollkommenheiten machen das Buch – wie im Übrigen den Menschen – erst authentisch. Mitunter wurden jedoch zum Beispiel Absätze behutsam neu getrennt, um den Lesefluss zu erleichtern.

Um die Texte zu rekonstruieren, werden antiquarische Bücher von Lesegeräten gescannt und dann durch eine Software lesbar gemacht. Der so entstandene Text wird von Menschen gegengelesen und korrigiert – hierbei treten auch Fehler auf. Wenn Sie ebenfalls antiquarische Texte einreichen möchten, finden Sie weitere Informationen auf www.groels.de

Viel Freude bei der Lektüre wünscht Ihnen das Team des Gröls-Verlags.

Adressen

Verleger: Sophia Gröls, Im Borngrund 26, 61440 Oberursel

Externer Dienstleister für Distribution & Herstellung: BoD, In de Tarpen 42, 22848 Norderstedt

Unsere „Edition | Werke der Weltliteratur“ hat den Anspruch, eine der größten und vollständigsten Sammlungen klassischer Literatur in deutscher Sprache zu sein. Nach und nach versammeln wir hier nicht nur die „üblichen Verdächtigen“ von Goethe bis Schiller, sondern auch Kleinode der vergangenen Jahrhunderte, die – zu Unrecht – drohen, in Vergessenheit zu geraten. Wir kultivieren und kuratieren damit einen der wertvollsten Bereiche der abendländischen Kultur. Kleine Auswahl:

Francis Bacon • Neues Organon • **Balzac** • Glanz und Elend der Kurtisanen • **Joachim H. Campe** • Robinson der Jüngere • **Dante Alighieri** • Die Göttliche Komödie • **Daniel Defoe** • Robinson Crusoe • **Charles Dickens** • Oliver Twist • **Denis Diderot** • Jacques der Fatalist • **Fjodor Dostojewski** • Schuld und Sühne • **Arthur Conan Doyle** • Der Hund von Baskerville • **Marie von Ebner-Eschenbach** • Das Gemeindekind • **Elisabeth von Österreich** • Das Poetische Tagebuch • **Friedrich Engels** • Die Lage der arbeitenden Klasse • **Ludwig Feuerbach** • Das Wesen des Christentums • **Johann G. Fichte** • Reden an die deutsche Nation • **Fitzgerald** • Zärtlich ist die Nacht • **Flaubert** • Madame Bovary • **Gorch Fock** • Seefahrt ist not! • **Theodor Fontane** • Effi Briest • **Robert Musil** • Über die Dummheit • **Edgar Wallace** • Der Frosch mit der Maske • **Jakob Wassermann** • Der Fall Maurizius • **Oscar Wilde** • Das Bildnis des Dorian Grey • **Émile Zola** • Germinal • **Stefan Zweig** • Schachnovelle • **Hugo von Hofmannsthal** • Der Tor und der Tod • **Anton Tschechow** • Ein Heiratsantrag • **Arthur Schnitzler** • Reigen • **Friedrich Schiller** • Kabale und Liebe • **Nicolo Machiavelli** • Der Fürst • **Gotthold E. Lessing** • Nathan der Weise • **Augustinus** • Die Bekenntnisse des heiligen Augustinus • **Marcus Aurelius** • Selbstbetrachtungen • **Charles Baudelaire** • Die Blumen des Bösen • **Harriett Stowe** • Onkel Toms Hütte • **Walter Benjamin** • Deutsche Menschen • **Hugo Bettauer** • Die Stadt ohne Juden • **Lewis Caroll** • *und viele mehr….*

Platon

Drei Gleichnisse des Platon:

Höhlengleichnis, Sonnengleichnis und Liniengleichnis

Inhalt

Das Sonnengleichnis und das Liniengleichnis (Kapitel 6 aus „Der Staat“)

Die Philosophen also, sprach ich, o Glaukon, und die es nicht sind, wollten uns erst, nachdem wir eine lange Rede durchgeführt, zum Vorschein kommen, wer sie beide sind. – Vielleicht, sagte er, geht es auch in einer kurzen nicht leicht. – Wie es scheint! antwortete ich. Aber mich dünkt, sie würden sich uns noch besser gezeigt haben, wenn wir nur hierüber allein nötig gehabt hätten zu reden, und nicht noch so vielerlei anderes durchzugehn, da wir ja zusehen sollten, wie das gerechte Leben von dem ungerechten verschieden ist. – Was also, sagte er, kommt uns nach diesem? – Was sonst, sprach ich, als das nächste? Da nun die Philosophen die sind, welche das sich immer gleich und auf dieselbe Weise verhaltende fassen können, die aber dies nicht können, sondern immer unter dem vielen und auf allerlei Weise sich verhaltenden umher irren, nicht Philosophen, welche von beiden dem zu Folge müssen Führer des Staates sein? – Was müßten wir also wohl hierüber sagen, fragte er, um das angemessene zu sagen? – Diejenigen von beiden, sprach ich, welche sich im Stande zeigen der Staaten Gesetze und Bestrebungen aufrecht zu erhalten, diese soll man zu Hütern bestellen. – Richtig, sagte er.

Aber das ist doch wohl klar, sprach ich, ob man einem Blinden oder einem scharf sehenden Hüter irgend etwas soll zu bewahren geben? – Und wie, sagte er, sollte das nicht klar sein! – Dünken dich nun wohl die besser als Blinde zu sein, die in der Tat der Erkenntnis jegliches was ist beraubt und kein anschauliches Urbild von irgend etwas in der Seele habend auch nicht vermögen, wie Maler, indem sie auf das wahrhafteste sehen und von dorther alles auf das genaueste Acht gebend übertrügen, auch das hier gesetzliche und schöne in Bezug auf Recht und Unrecht entweder zu verzeichnen, wenn es erst verzeichnet werden soll, oder auch das bestehende hütend zu erhalten? – Nein beim Zeus, sprach er, viel besser eben nicht! – Sollen wir also lieber diese zu Hütern setzen, oder die welche jegliches wie es ist erkennen, dabei aber an Erfahrung und Übung hinter jenen nicht zurückbleiben noch ihnen an irgend einem andern Teile der Tugend nachstehen? – Ungereimt wäre es freilich, sagte er, irgend andere zu wählen, wenn dieses in dem übrigen nicht zurückstehen; denn in Bezug auf diese selbst hätten sie ja wohl den größten Vorzug. – Also wollen wir dieses erklären, auf welche Weise dieselbigen im Stande sein können jenes und auch dieses zu haben? – Das müssen wir. – Was wir also gleich im Anfang dieser Rede sagten, wir müssen zuerst ihre Natur verstehen; und haben wir uns über diese gehörig geeiniget, so werden wir, denke ich, auch darüber einig sein, daß recht füglich dieselbigen im Stande sind beides zu haben, und daß keine Andere Führer der Staaten sein dürfen als solche. – Wie das? – Dieses denke ich soll uns feststehen in Absicht der philosophischen Naturen, daß sie Kenntnisse immer lieben, welche ihnen etwas offenbaren von jenem Sein, welches immer ist, und nicht durch Entstehen und Vergehen unstät gemacht wird. – Das soll uns feststehen. – Ja auch, sprach ich, daß sie dieses ganz begehren, und weder einen kleineren noch größeren, weder einen vorzüglich hochgeachteten noch einen minder geachteten Teil derselben wider ihren Willen sich entgehen lassen, eben wie wir es vorher an den Ehrliebenden und Verliebten gezeigt haben. – Richtig, sagte er. – Nächstdem betrachte nun dieses, ob es wohl neben jenem die notwendig in ihrer Seele haben müssen, welche so werden sollen wie wir sie beschrieben. – Was doch?

Daß sie ohne Falsch sind, und mit Willen auf keine Weise das falsche annehmen sondern es hassen, die Wahrheit aber lieben. – Wahrscheinlich wohl, sagte er. – Nicht nur wahrscheinlich Freund, sondern ganz notwendig wird, wer in irgend etwas von Natur verliebt ist, alles seinem Lieblingsgegenstande verwandte und angehörige auch lieben. – Richtig, sagte er. – Könntest du nun wohl etwas der Weisheit verwandteres finden als die Wahrheit? – Wie sollte ich, sprach er. – Kann also wohl dieselbe Natur Weisheitliebend sein und Trugliebend? – Keinesweges wohl. – Der in der Tat Wißbegierige also muß nach aller Wahrheit gleich von Jugend an möglichst streben. – Allerdings ja. – Aber wem sich die Begierden sehr nach einem einzigen Gegenstande hinneigen, dem, wissen wir, sind sie nach andern Seiten hin desto schwächer, weil der Strom gleichsam dorthin abgeleitet ist. – Wie sollten sie nicht! – Wem sie also nach Kenntnissen und allem dergleichen hinströmen, dem gehen sie, denke ich, auf die Lust, welche der Seele für sich allein zukommt, und halten sich dagegen von der durch den Leib vermittelten zurück, wenn einer nicht zum Schein, sondern wahrhaft philosophisch ist. – Ganz notwendig. – Mäßig ist also ein solcher und keinesweges habsüchtig. Denn weshalb mit solchem Aufwande nach Geld gestrebt wird, danach zu streben ziemt eher jedem andern als ihm. – So ist es. – Aber auch dieses mußt du ja erwägen, wenn du unterscheiden willst eine philosophische Natur und eine die es nicht ist. – Was doch? – Daß nicht etwa eine, ohne daß du es merkst, auch an unedlem Anteil habe. Denn Kleinlichkeit ist wohl ganz vorzüglich einer Seele zuwider, welche überall das ganze und vollständige anstreben soll, göttliches und menschliches. – Vollkommen richtig! sagte er. – Wer nun eine Größe der Denkungsart besitzt und Übersicht der ganzen Zeit und alles Seins, hältst du es für möglich, daß den das menschliche Leben etwas großes dünke? – Unmöglich, sprach er.

Also auch den Tod wird ein solcher wohl nicht für etwas arges halten? – Am wenigsten wohl. – Eine feige und unedle Natur also kann an wahrhafter Philosophie, wie es scheint, keinen Teil haben. – Nein, dünkt mich. – Wie aber? der sittsame nicht habsüchtige noch unedle noch großtuerische noch feige, könnte der wohl unverträglich sein oder ungerecht? – Nicht möglich. – Willst du also untersuchen, welches eine philosophische Seele ist und welches nicht, so wirst du gleich, wenn einer noch jung ist, darauf sehen, ob sie gerecht ist und mild oder unverträglich und roh. – Allerdings. – Aber auch das, denke ich, wirst du nicht vorbeilassen. – Was? – Ob gelehrig oder ungelehrig. Oder erwartest du daß jemand etwas gehörig lieben werde, was ihm, wenn er es verrichtet, Pein macht, und worin er kaum ein weniges vollbringt? – Das könnte wohl nicht sein. – Und wer nichts gelerntes sich zu erhalten weiß, weil er voll Vergeßlichkeit ist, kann der wohl anders als leer an Erkenntnis sein?

– Wie sollte er? – Wenn er sich also immer vergeblich anstrengt, meinst du nicht, daß er am Ende dahin kommen muß sich selbst und ein solches Geschäft zu hassen? – Wie sollte er nicht! – Eine vergeßliche Seele wollen wir also unter die gründlich philosophischen nie einzeichnen, sondern darauf sehen, daß eine solche ein gutes Gedächtnis haben müsse.

Auf alle Weise gewiß. – Und wir werden doch nicht sagen daß eine unmusikalische und mißgestalte Seele anderswohin sich neige als zur Ungemessenheit? – Gewiß nicht. – Und die Wahrheit, meinst du daß sie der Ungemessenheit verwandt ist oder dem Ebenmaß? – Dem Ebenmaß. – Also von Natur ebenmäßig und anmutig wird wohl noch außerdem das Gemüt sein müssen, welches eine natürliche Anlage haben soll sich leicht hinführen zu lassen zu der Idee eines jeglichen was wirklich ist. – Allerdings. – Wie nun? glaubst du etwa nicht, daß alles was wir durchgegangen sind mit einander zusammenhänge und auch jedes einzeln notwendig sei für die Seele, welche gehörig und vollständig das wahre ergreifen soll? – Ganz notwendig freilich, sagte er. – Kannst du also wohl irgendwie ein solches Geschäft tadeln, dem sich niemals jemand gründlich widmen kann, wenn er nicht von Natur von gutem Gedächtnis ist, gelehrig edelmütig anmutig, der Wahrheit Freund und verwandt, sowie der Gerechtigkeit, der Tapferkeit und der Besonnenheit? – Auch Momos selbst, sagte er, könnte ja so etwas nicht tadeln. – Und, sprach ich, solchen, wenn sie nun durch Erziehung und Alter vollendet sind, wolltest du nicht allein den Staat überlassen?

Darauf sagte Adeimantos, O Sokrates! hiegegen wäre kein Mensch im Stande dir etwas einzuwenden. Allein dieses begegnet jedesmal denen, welche hören was du jetzt sagst, sie glauben aus Unerfahrenheit im Fragen und Antworten währender Rede bei jeder Frage um ein weniges abwärts geführt zu werden, so daß, wenn alles dieses wenige zusammengekommen, am Ende des Gespräches ein großer Irrtum zum Vorschein kommt und etwas dem ersten ganz entgegengesetztes. Und wie die im Brettspiel ungeübten von den starken am Ende eingeschlossen werden und nicht wissen wie sie ziehen sollen: so glauben auch sie am Ende eingeschlossen zu sein, und nicht zu wissen was sie sagen sollen in diesem anderen Spiel nicht mit Steinen sondern mit Reden, aber in der Wahrheit verhalte es sich deswegen doch nicht weniger so. Ich sage dies aber mit Bezug auf das gegenwärtige. Denn jetzt könnte dir einer sagen, in der Rede wisse er dir freilich auf das gefragte einzeln nichts einzuwenden, in der Tat aber sehe er, daß von denen, welche sich der Philosophie befleißigt, und nicht, nachdem sie sie als Jünglinge getrieben, hernach wieder davon abgelassen sondern sich länger dabei verweilt haben, die meisten gar abgeschmackt geraten, damit wir nicht sagen ganz schlecht; die aber, welche für die trefflichsten zu halten sind, von dieser Beschäftigung, welche du lobst, doch soviel davon tragen, daß sie für den Staat unbrauchbar sind. – Als ich dieses gehört, erwiderte ich, Meinst du nun, daß diejenigen irren, welche dieses sagen? – Ich weiß nicht, sprach er, aber was dich davon dünkt möchte ich gern hören. – Dann würdest du hören, daß sie mir scheinen ganz Recht zu haben. – Wie kann es denn also, sagte er, richtig sein zu sagen, daß die Staaten nicht eher des Unheils würden erlediget werden bis sie von den Philosophen regiert werden, welche wir doch einstimmig als unbrauchbar für sie ansehn? – Du wirfst, sprach ich, eine Frage auf, welche einer Antwort durch ein Bild bedarf. – Du aber, sagte er, denke ich, pflegst ja nicht durch Bilder zu reden. – Seis drum! antwortete ich. Du spottest also noch, nachdem du mich in einen so schwer auszuführenden Gegenstand hineingeworfen?

Höre denn mein Bild, damit du besser sehest wie mühsam ich bildre. Denn so schwierig ist das was grade den vortrefflichsten mit dem Staate begegnet, daß es auch nirgends etwas ganz ähnliches gibt, sondern von vielerlei her muß man zusammenbringen womit man sie vergleichen und was man zur Verteidigung für sie sagen will, wie die Maler Bockhirsche und andere dergleichen Mischlinge zeichnen. Denke dir also, sei es nun über viele Schiffe oder über eines einen solchen Schiffsherrn gesetzt, der zwar an Größe und Stärke alle Andern im Schiffe übertrifft, übrigens aber ist er harthörig, sieht auch wenig und versteht von der Schiffahrt ohngefähr eben so viel, und die Schiffsleute in Fehde unter sich wegen des Befehls, indem jeder glaubt er müsse steuern, der jedoch nie die Kunst erlernt hat, und weder seinen Lehrer aufzeigen kann noch die Zeit in der er sie gelernt hätte, ja daß sie überdies noch alle behaupten man könne sie auch nicht lernen, und jeden, der behauptet sie sei lehrbar, gleich herunter hauen wollen; denke dir nun, daß diese immer den Schiffsherrn umlagern, bitten und alles versuchend damit er ihnen das Steuerruder übergebe, zuweilen aber, wenn einige ihn nicht überreden können, sondern es scheint Andere eher, dann jene diese andern töten oder aus dem Schiff herauswerfen, den edlen Schiffsherrn aber durch Zauberbeeren oder Rausch oder anders wie fesseln, und so das Fahrzeug regieren mit Hülfe dessen was sich eben darin findet, und so zechend und schmausend schiffen wie es von solchen zu erwarten ist; überdies aber daß sie jeden loben, und als Meister in der Schiffahrt und wohl kundig alles dessen was zum

Fahrzeuge gehört auspreisen, der ihnen dazu behülflich zu sein versteht, daß sie ans Ruder kommen, werde es nun durch Überredung oder durch Gewalt von dem Schiffsherrn erlangt, und jeden, der das nicht tun will, tadeln als unbrauchbar, von dem wahren Steuermann hingegen nicht einmal soviel wissen, daß er notwendig auf die Jahreszeit und die Tageszeit und den Himmel und die Sterne und die Winde und was sonst zur Kunst gehört Acht haben muß, wenn er in Wahrheit ein Schiffslenker werden will, sondern nur meinen daß man die Kunst und Geschicklichkeit, die dazu gehört ans Ruder zu kommen, mögen nun Einige es wollen oder nicht, daß man diese unmöglich haben könne und dabei die Steuermannskunst zugleich.

Wenn nun dergleichen in den Schiffen vorgeht, meinst du nicht, daß der wahre Schiffahrtskundige gewiß nur werde ein Wetterprophet und Buchstabenkrämer und unnützer Mensch genannt werden, von denen die in so bewirtschafteten Schiffen segeln? – Ganz gewiß, sagte Adeimantos. – Ich glaube auch nicht, sprach ich, daß du das Bild erst wirst vorerklärt sehen wollen, wie es wirklich dem Verhalten der Staaten gegen die wahren Philosophen gleicht, sondern daß du schon verstehst, was ich meine. – Sehr wohl, sagte er. – Zuerst also zeige dem, welcher sich wundert, daß die

Philosophen in den Staaten nicht geachtet werden, dieses Bild, und versuche ihn zu überzeugen, daß es viel wunderbarer wäre, wenn sie geachtet würden. – Das will ich schon zeigen, sagte er. – Und daß es also recht habe zu sagen, daß die ausgezeichnetsten in der Philosophie den Leuten unnütz sind; nur heiße ihn diese Unnützlichkeit denen Schuld geben, die keinen Gebrauch von jenen trefflichen machen, nicht aber diesen selbst. Denn es liegt nicht in der Natur, daß der Steuermann die Schiffsleute bitten solle sich von ihm regieren zu lassen, noch daß die Weisen vor die Türen der Reichen gehen; sondern wer dies so zierlich herausgebracht hat, hat weit gefehlt, vielmehr ist das Wahre von der Sache, daß mag nun ein Reicher krank sein oder ein Armer, er vor des Arztes Türe gehn muß, und so jeder der beherrscht zu werden bedarf zu dem der zu herrschen versteht, nicht aber daß dieser die zu beherrschenden bitte sich beherrschen zu lassen, wenn er nämlich in Wahrheit etwas taugt.

Sondern wenn man die jetzigen bürgerlichen Gewalthaber den Schiffsleuten, von denen wir vorher redeten, vergleicht, wird man wohl nicht fehlen, und eben so die von ihnen für unnütze Wetterpropheten ausgeschrieenen den wahren Schiffsmeistern. – Ganz richtig, sagte er. – Aus diesen Gründen also ist es auch in solchen Sachen nicht leicht, daß das edelste Streben in gutem Ruf stehe bei denen, die ganz das entgegengesetzte betreiben. Bei weitem aber die größte und gewaltigste Verläumdung hat die Philosophie zu leiden durch die welche vorgeben dergleichen zu betreiben, und von denen du auch erwähntest, daß der die Philosophie anklagende behaupte, die meisten, die sich mit ihr abgeben, würden ganz schlecht, und nur die ausgezeichnetsten bloß unnütz, und ich gab dir zu, auch das sei richtig. Nicht wahr? – Ja. – Also von der Unnützlichkeit der ausgezeichneten haben wir die Ursache schon ausgeführt? – Ja wohl. – Sollen wir nun auch die Notwendigkeit von der Schlechtigkeit der Mehrzahl nachweisen; und, wenn wir können, zu zeigen versuchen, daß auch daran die Philosophie unschuldig ist? – Allerdings. – So laß uns denn hören und die Rede anfangen mit der Erinnerung an das, wovon wir ausgegangen sind, wie nämlich der von Natur müsse geartet sein, der gut und trefflich werden soll. Da war denn das erste an ihm, wenn du es noch im Sinne hast, die Wahrheit, der er überall und auf alle Weise nachtrachten sollte, oder wenn er prahlerisch sein wollte, nie an wahrer Philosophie Anteil haben. – So wurde allerdings gesagt. – Ist nun nicht schon dieses Eine gar sehr dem entgegen, was jetzt von ihm gedacht wird? – Gar sehr, sagte er. – Werden wir uns aber nicht ganz angemessen damit verteidigen, daß der wahrhaft lehrbegierige so geartet ist sich um das Seiende zu beeifern, und also nicht bleiben kann bei dem allerlei vielen als seiend vorgestellten, sondern weiter gehn wird ohne sich verblenden zu lassen und nicht eher Befriedigung finden für seine Liebe, bis er die Natur jegliches was ist aufgefaßt mit demjenigen in der Seele, womit es geziemt dergleichen zu fassen? es ziemt aber mit dem verwandten; womit also dem wahrhaft seienden sich nähernd und damit vermischend, und so Vernunft und Wahrheit erzeugend er erkennen wird und wahrhaft leben und sich nähren, und so seiner Schmerzen Ende finden, eher aber nicht. – Auf das allerbündigste gewiß. – Wie nun? wird ein solcher wohl die Lüge lieben können, oder ganz im Gegenteil sie hassen? – Hassen, sagte er.

Geht nun die Wahrheit voran, so werden wir wohl, denke ich, nimmer sagen, daß ihr ein Chor von Übeln folge? – Wie sollten wir! – Sondern eine gesunde und mäßige Gemütsart, mit der dann auch Besonnenheit verbunden ist. – Richtig, sagte er. – Und nun also den übrigen Chor der philosophischen Natur, warum sollen wir ihn noch einmal von vorn aufstellen? Denn du erinnerst dich doch, daß sich diesen zugehörig zeigte auch Tapferkeit und Edelsinn und Gelehrigkeit und Gedächtnis, und daß, als du einwendetest, ein jeder würde genötiget sein dem beizustimmen, was wir sagen, nur wenn er die Reden gut sein ließe und auf diejenigen selbst sähe, von denen die Rede ist, würde er sagen, er sähe, daß einige von ihnen unnütz wären, die meisten aber schlecht nach aller Schlechtigkeit, wir nun in der Untersuchung über den Grund der Beschuldigung dabei stehen, wie so doch die meisten schlecht sind, und deshalb uns die Natur der wahrhaft philosophischen noch einmal wiederholt und sie wie es notwendig ist bestimmt haben. – So ist es, sagte er. – Dazu nun, sprach ich, müssen wir dieser Natur Verderbnisse betrachten, wie sie in Vielen untergeht, und nur ein weniges davon entkommt, in denen die sie dann auch nicht schlecht, sondern nur unnütz nennen. Nächstdem wiederum diejenigen, welche jene nachahmen und sich zu ihrem Geschäft begeben, weil solcherlei Seelen zu einem für sie zu großen Geschäft und dessen sie nicht würdig sind gelangt auf allerlei Weise fehlen, und deshalb auch diese überall und bei allen der Philosophie den Ruf zuziehen, dessen du erwähnst. – Was für Verderbnisse, sagte er, meinst du denn? – Ich will versuchen, antwortete ich, wenn ich nur kann, sie dir zu beschreiben.

Dies aber, denke ich, wird uns jeder zugestehen, daß solche Naturen, welche alles besitzen, was wir eben gefordert haben wenn einer vollkommen philosophisch werden soll, nur selten unter den Menschen vorkommen und immer nur wenige. Oder meinst du nicht? – Ja wohl. – Und für diese wenigen betrachte nur wie viele und große Gefahren es gibt. – Was für welche nun? – Was am wunderbarsten ist zu hören, daß selbst jedes einzelne, was wir an solcher Natur gerühmt haben, die Seele die es hat verderben und von der Philosophie abziehn kann; ich meine die Tapferkeit und die Mäßigung und was wir sonst angeführt. – Unglaublich, sagte er, zu hören! – Nächstdem nun, sprach ich, können auch alle sogenannten Güter sie verderben und abziehn, Schönheit, Reichtum, Leibesstärke, angesehene Verwandtschaften im Staat und was damit zusammenhängt. Denn du hast nun schon den Umriß von dem was ich meine. – Den habe ich, sagte er, und gern möchte ich noch genauer verstehn was du sagst. – Fasse es also nur, sprach ich, im Ganzen richtig auf: so wird es dir sehr klar werden, und was ich davon vorher gesagt, wird dir nicht unglaublich vorkommen. – Wie also, sagte er, gebietest du mir? – Von allem Samen, sprach ich, oder Gewächs der Pflanzen oder Tiere wissen wir, daß was die ihm zukommende Nahrung oder Witterung oder Boden nicht erlangt, je kräftiger es ist, um desto weiter hinter dem gebührenden zurückbleibt.

Denn dem Guten ist ja das Schlechte mehr entgegengesetzt als dem nicht guten. – Wie sollte es nicht! – Es läßt sich also hören, denke ich, daß die edelste Natur bei einer gar zu fremdartigen Nahrung schlechter wegkommen muß als die gemeinere. – Das läßt sich hören. – Also, o Adeimantos, sprach ich, wollen wir auch von den Seelen eben so sagen, daß die von Natur edelsten, wenn sie eine schlechte Erziehung bekommen, auch ausgezeichnet schlecht geraten. Oder meinst du die großen Verbrechen und die reine Schlechtigkeit komme aus einer gemeinen und nicht vielmehr aus einer reich ausgestatteten aber durch Erziehung verderbten Natur, indem ja eine schwache Natur nie großes weder im Guten noch im Bösen hervorbringen kann? – Nein, sagte er, sondern so. – Die Natur also, die wir dem Philosophen beigelegt haben, wird, denke ich, wenn sie gehörigen Unterricht genießt, notwendig zu aller Tugend allmählig heranwachsen; wenn sie aber, nachdem sie gesäet und gepflanzt worden, bei ungehörigem aufgezogen wird, dann wiederum zu allem Gegenteil, wenn ihr nicht ein Gott zu Hülfe kommt. Oder glaubst du auch wie die Leute, daß gewisse junge Leute von Sophisten sind verdorben worden, und daß ihre Verderber Sophisten sind, unbedeutende Menschen in allem was nur der Rede wert ist? und nicht vielmehr daß diejenigen selbst, die dieses sagen, die größten Sophisten sind, und auf das vollkommenste Jung und Alt, Männer und Frauen bilden, und aus ihnen machen was sie nur wollen? – Wann doch? – Dann, antwortete ich, wenn sie zu großen Haufen beisammen in den Volksversammlungen oder in den Gerichtshöfen oder Schauspielen oder Lägern oder in was sonst für gemeinsamen Zusammenkünften der Menge, mit großem Geräusch einiges tadeln von dem was geredet oder getan wird und anderes loben, beides übermäßig ausschreiend und beklatschend, und dann noch außer ihnen die Steine und der Ort, wo sie sich befinden, auch ertönen und das Geräusch des Lobes und Tadels doppelt wiedergeben.

Bei dergleichen, wie meinst du wohl, daß einem Jünglinge, wie man zu sagen pflegt, das Herz schlage? oder was für eine Erziehung, die der Einzelne empfangen haben kann, würde wohl hier gegenhalten, daß sie nicht weggeschwemmt von solchem Lob und Tadel mit fortgerissen würde in den Strom wohin dieser eben treibt; so daß der Zögling hernach doch nur dasselbe wie jene für schön und für häßlich erklärt, und sich um dasselbe bemühen muß wie jene und ein eben solcher werden? – Freilich, sprach er, o Sokrates, ist das ganz notwendig. – Und doch, sprach ich, haben wir die stärkste Nötigung noch nicht ausgesprochen. – Welche doch? sagte er. – Die solche Erzieher und Sophisten durch die Tat hinzufügen, wenn sie mit Worten nicht überreden können. Oder weißt du nicht, daß sie den, der ihnen nicht folgt, mit dem Verlust bürgerlicher Ehren, mit Geldbußen und mit dem Tode bestrafen? – Freilich, sagte er. – Was für ein anderer Sophist meinst du wohl, oder was für dem entgegenwirkende Reden eines Einzelnen können da wohl obsiegen? – Keine, glaube ich wohl, sprach er. – Freilich nicht, sprach ich, und schon es unternehmen ist große Torheit, denn es geschieht nicht und ist auch nicht geschehen, und hat auch keine Not daß jemals sollte neben der Anleitung her, welche diese geben, eine andere Richtung zur Tugend in einem Gemüt ausgebildet werden können, in einem menschlichen nämlich; denn göttliches freilich, nach dem Sprichwort, nehme ich aus.

Denn das wisse nur, was sich noch irgend rettet, und wird wie es soll bei einer solchen Verfassung der Staaten, davon kannst du ohne sehr zu fehlen immer sagen, ein göttliches Geschick habe es gerettet. – Auch mir, sagte er, scheint es nicht anders. – So möge dir denn, sprach ich, außer diesem auch noch dies gefallen. – Was doch? – Daß jeglicher von diesen Mietlingen, welche jene für Sophisten ausgeben und für ihre Gegenkünstler halten, nichts anderes lehrt als eben dieselbe Lehre der Menge, welche ihr beliebt wenn sie versammelt ist, und daß er das Weisheit nennt, wie wenn einer eines großen und starken Ungetüms, was er sich aufzieht, Zorn und Begierden verstehen gelernt hätte, von welcher Seite man sich ihm nahen muß und von welcher es berühren und wann es am wildesten ist oder wieder am zahmsten und wodurch es beides wir, und die Töne die es bei jeder Gelegenheit von sich gibt, und wiederum durch was für Töne eines andern es besänftiget oder aufgebracht wird, und nachdem er dies alles gelernt durch lange Erfahrung und Umgang es dann Weisheit nennen und als eine Kunst zusammenstellen wollte, um sich zum Lehrer darin aufzuwerfen, und ohne im Grunde der Wahrheit irgend etwas von diesen Vorstellungen und Begierden zu wissen was davon schön ist oder häßlich, gut oder schlecht, gerecht oder ungerecht, doch alle diese Benennungen brauchte für die Vorstellungen des großen Tieres, das gut nennend, woran es Vergnügen findet, und worüber es sich ärgert das schlecht, eine andere Erklärung hierüber aber nicht zu geben wüßte, als nur daß er das notwendige gerecht nennte und schön, wie weit aber die Natur des Notwendigen und des Guten von einander verschieden sind, das weder je gesehen hätte noch einem andern zu zeigen vermöchte. Ein solcher nun, beim Zeus, dünkt dich der nicht ein ungereimter Erzieher zu sein? – Mich gewiß, sagte er. – Und dünkt dich etwa von diesem verschieden zu sein, der es für Weisheit hält, der bunten von allerwärts her zusammenströmenden Menge Lust und Unlust gefaßt zu haben, sei es nun an der Malerei oder Tonkunst oder an den bürgerlichen Verhältnissen?

Denn daß, wenn einer mit solchen verkehrt, ihnen Dichtungen oder andere Kunstwerke ausstellend, oder Dienstleistungen für den Staat, wodurch er sich die Menge zu Herren setzt, mehr als notwendig diesem die sogenannte Diomedische Notwendigkeit entsteht alles zu tun was jene loben, ist klar; daß aber dieses in Wahrheit gut und schön sei, hast du schon jemals einen von ihnen hierüber eine Rechenschaft geben hören, die nicht ganz lächerlich gewesen wäre? – Ich denke wohl, sprach er, ich werde es auch niemals hören. – Wenn du dies nun alles wohl bedacht hast, so denke auch noch daran, ob wohl das Schöne selbst, nicht die vielerlei schönen Dinge, oder auch jegliches andere selbst und nicht die vielen solchen Dinge, jemals der große Haufe irgendwie annehmen wird oder daran glauben? – Wohl gar nicht, sagte er. – Philosophisch also, sprach ich, kann eine Menge unmöglich sein. – Unmöglich. – Also werden auch notwendig die Philosophierenden von ihr getadelt werden? – Notwendig. – Auch von eben diesen Mietlingen, welche, wenn sie mit dem Volke verkehren, gar zu sehr wünschen ihm zu gefallen? – Offenbar. – Hiernach also, was für eine Rettung siehst du für die philosophische Natur, daß sie könne bei ihrem Geschäft verharren und ans Ziel kommen? Bedenke es aber auch aus dem vorigen. Denn wir waren einverstanden, daß Gelehrigkeit, Gedächtnis, Tapferkeit und Edelsinn dieser Natur angehöre. – Ja. – Nun wird doch ein solcher gleich in allen Dingen unter allen der erste sein, zumal wenn sich auch sein Leib der Seele angemessen ausgebildet hat? – Wie sollte er nicht! – Also, denke ich, werden sich Angehörige und Mitbürger seiner, so wie er nur älter wird, bedienen wollen zu ihren Angelegenheiten. – Gewiß. – Also werden sie sich mit Bitten und Ehrenbezeugungen vor ihm beugen, um schon im voraus seine künftige Macht in Beschlag zu nehmen und zu beschmeicheln. – So pflegt es wohl, sagte er, zu geschehen.

Was glaubst du nun, sprach ich, daß ein solcher unter solchen tun werde, zumal wenn er sich in einer angesehenen Stadt findet, und in dieser reich und edel ist und dazu groß und wohlgebaut? wird er nicht mit unbegrenzten Hoffnungen sich anfüllen, und sich tüchtig halten der Hellenen und der Barbaren Angelegenheiten zu leiten, und sich deshalb übermäßig erheben, von leerer Einbildung und Ansehn ohne Einsehn aufgeblasen? – Gar sehr, sagte er. – Wenn nun einem so. gestimmten einer ganz bescheiden sich naht und ihm die

Wahrheit sagt, daß Einsehn und Vernunft nicht in ihm ist, deren er doch bedarf, und daß diese nicht zu erwerben ist, wenn man nicht dienen will um den Besitz: glaubst du er werde von so großen Übeln umgeben gar bereitwillig sein dergleichen anzuhören? – Weit gefehlt wohl! sprach er. – Und wenn nun auch einer, sprach ich, vermöge seiner guten Natur und Verwandtschaft mit diesen Reden irgend darauf merkt und umgewendet und zur Philosophie hingezogen wird, was sollen wir glauben, werden jene beginnen die nun glauben müssen seine Dienste und Genossenschaft zu verlieren? Werden sie nicht alles mögliche reden und tun, sowohl gegen ihn, damit er ja nicht folge, als auch dem der ihn überredet, damit es ihm ja nicht gelinge, sowohl für sich nachstellen als ihm vor dem Volke Kampf ansagen? – Ganz notwendig, sagte er. – Ist es nun wohl möglich, daß ein solcher ein Philosoph werde? – Freilich nicht. – Du siehst also, sprach ich, daß wir nicht Unrecht gesagt haben, daß auch selbst die einzelnen Teile der philosophischen Natur, wenn sie in ungünstige Nahrung kommen, auf gewisse Weise Schuld daran sein können, daß einer dieses Bestreben fahren läßt? und eben so die sogenannten Güter Reichtum und alles solche Zubehör? – Gewiß nicht, sagte er, sondern ganz richtig. – Auf diese Art also, fuhr ich fort, mein Bester, verkommt und verdirbt die edelste Natur für das trefflichste Bestreben, die ohnedies selten genug ist, wie wir sagen. Und aus diesen Männern also kommen sowohl die, welche den Staaten und Einzelnen die größten Übel zufügen, als auch die, welche das Gute, wenn etwa welche hiebei glücklich durchgekommen sind; eine kleinliche Natur aber kann niemals nichts großes niemanden, weder einem Staat noch einem Einzelnen, antun. – Vollkommen wahr, sprach er. – Diese nun, wenn sie so von der Philosophie, die ihnen am meisten ziemte, abkommen und sie unbebaut und unvollendet lassen, leben dann selbst ein ihnen gar nicht angemessenes und auch nicht wahrhaftes Leben; ihr aber, von ihren Angehörigen gleichsam verwaiset, nahen dann Andere unwürdige, und häufen Schimpf und Schande über sie, wie du ja sagst, daß die Ankläger der Philosophie klagen, daß die mit ihr umgehn, zum Teil nichts wert sind, die meisten aber alles schlimme verdienen.

Das ist freilich, antwortete er, was gesagt wird. – Und gar nicht unrecht, sprach ich, wird es gesagt. Denn wenn andere Leutchen nun diese Stelle leer werden sehen, und daß doch viel Schönes von ihr gesagt und vorausgesetzt wird: so brechen, wie die aus der Haft in die Tempel fliehen, auch diese gar zu gern aus ihren Künsten heraus in die Philosophie, soviel ihrer die ausgezeichnetsten sind, jeder in seinem Kunststückchen. Denn, wenn schon es um die Philosophie so steht, immer bleibt ihr doch im Vergleich mit den andern Künsten noch ein ganz edleres Ansehn übrig, welches nun viele anlockt von unzulänglicher Natur, und die, wie schon ihr Leib verkrüppelt ist durch ihre Künste und Gewerbe, so auch durch das unedle darin der Seele nach ganz verweichlicht und gedrückt sind. Oder muß es nicht so sein? – Notwendig. – Sind diese nun wohl, sprach ich, viel anders anzusehen, als ein zu Gelde gekommener Arbeiter aus der Schmiede etwa, der ein kleiner kahlköpfiger Kerl, neuerlich erst aus dem Gefängnis gelöst, nun aber wohlgebadet und neu gekleidet und wie ein Bräutigam herausgeputzt, weil sein Herr verarmt und heruntergekommen ist, dessen Tochter heiraten soll? – Nicht viel anders, sagte er. – Was werden die also wohl erzeugen? Nicht unächtes und schlechtes? – Ganz notwendig. – Und wie, wenn nun die der Bildung unwürdig sind, sich ihr nahen und unwürdig mit ihr umgehen, was für Gedanken und Meinungen sollen wir sagen daß diese erzeugen? Nicht solche die in der Tat verdienen als Sophismen verrufen zu werden, und als nichts ächtes noch wahrhafter Vernunft gemäßes in sich enthaltend? – Ganz vollkommen freilich, sagte er. – So bleibt denn, fuhr ich fort, o Adeimantos, nur gar wenig Raum für solche, die würdig mit der

Philosophie verkehren, etwa wenn ein edles und wohlgezogenes Gemüt mit in einer Verbannung begriffen ist, und nun, weil niemand da ist der es verderben will, seiner Natur gemäß bei ihr bleiben kann, oder wenn eine große Seele in einem gar zu kleinen Staat geboren ist, und dessen Angelegenheiten geringschätzig übersieht; vielleicht auch wohl kann einmal von andern Künsten her eine edle Natur, der jene zu geringfügig sind, zu ihr gelangen.

Auch wohl der unserm Freunde Theages angelegte Zügel vermag etwa einen bei ihr festzuhalten. Denn auch bei ihm war alles übrige darauf angelegt ihn der Philosophie abwendig zu machen; aber seine Kränklichkeit, indem sie ihn von dem öffentlichen Leben ausschließt, hält ihn fest. Von dem meinigen lohnt es nicht zu reden, dem göttlichen Zeichen, mag es nun sonst schon einem andern oder auch noch keinem zuvor geworden sein. Die nun unter diesen wenigen kosten und gekostet haben, was für eine süße und herrliche Sache sie ist, und auf der andern Seite die Torheit der Menge deutlich genug einsehn, und daß, grade heraus zu sagen an keinem etwas gesundes ist von denen die den Staat bewirtschaften, und kein Verbündeter zu finden mit dem einer der gerechten Sache beispringen und doch durchkommen könnte, sondern, wie einer der unter die wilden Tiere gefallen ist, wer nicht mit Unrecht tun will, da er doch nicht im Stande ist Einer allein allen Wilden Widerstand zu leisten, ehe er für den Staat oder seine Freunde etwas ausrichten könnte, ohne Nutzen für sich und die andern zu Grunde gehen würde – dies alles wohl zu Herzen nehmend wird ein solcher sich ruhig verhalten und sich nur um das seinige bekümmernd, wie einer im Winter, wenn der Wind Staub und Schlagregen herumtreibt, hinter einer Mauer untertritt, froh sein, wenn er die Andern voll Frevel sieht, nur selbst von Ungerechtigkeit und unheiligen Werken dieses Leben hinzubringen, und beim Abschiede daraus in guter Hoffnung ruhig und zuversichtlich zu scheiden. – Und gewiß, sprach er, ist es nichts geringes, was er ausgerichtet hat, wenn er so scheidet. – Aber auch, antwortete ich, nicht das größte, weil er eben keinen tauglichen Staat gefunden hat. Denn in einem solchen würde er selbst noch mehr zunehmen, und mit dem seinigen auch das gemeine Wesen retten.

Die Sache der Philosophie also, weshalb sie so in Verruf geraten ist, und das mit Unrecht, dünkt mich nun hinreichend erklärt zu sein, wenn du nicht noch anderer Meinung bist. – Hierüber, sprach er, sage ich nichts mehr. Aber welche unter den jetzigen Staatverfassungen meinst du nun sei die ihr angemessene? – Auch gar keine, antwortete ich; sondern das ist eben meine weitere Klage, daß keine unter den jetzigen Verfassungen einer philosophischen Natur zusagt, darum wandelt sie sich auch und verändert sich, wie ein ausländischer Same in ein anderes Land gestreut sich nicht zu halten, sondern überwältigt in das einheimische auszuarten pflegt, so kann auch dieses Geschlecht jetzt zwar seine eigentümliche Kraft nicht bewahren, sondern pflegt in eine andere Art abzufallen: wird es aber je den besten Staat finden wie es selbst das beste ist, dann wird es zeigen, daß dies das wahrhaft göttliche ist, alles andere aber nur sehr menschlich war, die Naturen sowohl als ihre Bestrebungen. Offenbar also wirst du nun nächstdem fragen, welches dieser Staat ist. – Du hast es nicht getroffen, sagte er; denn nicht das wollte ich, sondern ob es dieser Staat ist, den wir bei Gründung der Stadt beschrieben haben oder ein anderer. – Meistenteils wohl, sprach ich, dieser. Und auch das ist damals schon gesagt worden, daß immer etwas im Staate sein muß, welches denselben Begriff von der Verfassung festhält, den du, der Gesetzgeber, bei Feststellung der Gesetze hattest. – Das wurde freilich gesagt, sprach er. – Aber nicht hinreichend erklärt, fuhr ich fort, aus Furcht vor dem was ihr durch eure Einwendungen doch ins Licht gesetzt habt, daß es lang und schwierig sein würde auszuführen. Und auch das übrige ist nicht allerdings leicht. – Was doch? – Auf welche Weise ein Staat sich mit der Philosophie befassen muß um nicht unterzugehn. Denn alles große ist auch bedenklich, und wie man sagt das Schöne in der Tat schwer. – Dennoch, sagte er, werde unsere Darstellung vollendet, nachdem auch dies noch klar geworden. – Das nicht wollen, sprach ich, soll uns nicht hindern, sondern wenn ja, das nicht können; meinen guten Willen wenigstens sollst du mit eignen Augen sehen. Sieh auch jetzt gleich wie entschlossen und waghalsig ich im Begriff bin zu sagen, daß ein Staat auf ganz entgegengesetzte Art als jetzt diese Sache angreifen muß. – Wie das?

Jetzt, sprach ich, sind die, welche sie angreifen, fast noch Knaben, und zwischen durch zwischen dem Hauswesen und dem Gewerbe machen sie sich an das schwerste der Sache und treten dann wieder ab, die noch am meisten philosophisch geworden sind. Unter dem schwersten aber verstehe ich was die Reden angeht. Späterhin aber, wenn auch andere dieses tun, und sie mit herzugerufen werden und Zuhörer sein wollen, denken sie Wunder was das großes ist, und glauben doch es nur ganz nebenbei tun zu dürfen, gegen das Alter aber erlöschen sie bis auf wenige um so viel mehr noch als die Herakleitische Sonne, da sie sich nicht wieder entzünden. – Wie soll es denn aber sein? fragte er. – Ganz entgegengesetzt. Knaben und Kinder müssen sich auch mit kindischer Bildung und Weisheit zu tun machen, und für ihren Leib, so lange er noch wächst und zur Reife gelangt, vorzüglich Sorge tragen um der Philosophie eine dienstbare Hülfe zu erwerben; kommt hingegen die Lebensstufe heran, in welcher die Seele anfängt sich zu vollenden, dann selbst auf ihren Übungsplätzen sich anstrengen. Ist aber die Zeit der männlichen Kraft vorüber, und sind die der Staats- und Kriegsdienste entübrigt, dann endlich müssen sie ganz ungebunden dort weiden und außer im Vorbeigehn nichts anderes tun, wenn sie glückselig leben und ein so verbrachtes Leben nach dem Tode durch ein angemessenes Los dort krönen wollen. – In der Tat, sagte er, entschlossen, o Sokrates, heißt das gesprochen; nur glaube ich, die meisten Hörer werden dir noch entschlossener entgegenstreben, und davon auch nicht das mindeste glauben vom Thrasymachos an. – Bringe uns nicht auseinander, sprach ich, mich und den Thrasymachos, die wir eben Freunde geworden sind, und auch vorher nicht Feinde waren. Aber wir wollen nichts unversucht lassen, bis wir entweder diesen und die Andern überredet oder wenigstens bei ihnen etwas im voraus geschafft haben für jenes Leben, wenn sie etwa wieder herkommen und auf solche Reden treffen.

Das ist ja nur ein weniges Zeit, sagte er, für welche du vorsorgst. – Gar keine, sprach ich, im Vergleich mit der ganzen. Daß nun die Menge dem Gesagten nicht glaubt, ist kein Wunder. Denn sie haben nie gesehen, daß dieses geschehen wäre, sondern nur etwa dergleichen Redensarten absichtlich einander ähnlich zusammengestellt, nicht aber wie jetzt von selbst zusammenfallend; einen Mann aber, nach Vermögen vollkommen der Tugend gleich und ähnlich gebildet, in einem eben solchen Staat durch Wort und Tat Macht habend, haben sie niemals gesehen, weder Einen noch mehrere. Oder meinst du? – Keinesweges wohl. – Und auch schöne und edle Reden, du herrlicher, haben sie nie ordentlich gehört, welche das Wahre angestrengt auf alle Weise suchen um des Erkennens willen, jene Zierlichkeiten aber und Spitzfindigkeiten, welche auf nichts anders abzwecken als auf Rechthaberei und Streit sowohl vor Gericht als im geselligen Zusammensein, nur gar von weitem begrüßen. – Auch die freilich nicht, sagte er. – Deshalb also, sprach ich, und wiewohl wir schon damals dies voraussahen und befürchteten, haben wir doch von der Wahrheit genötiget ausgesprochen, daß weder ein Staat noch eine Verfassung noch auch ein einzelner Mann eben so jemals vollkommen werden könne, bis diesen wenigen Philosophen, die nicht für böse sondern für unnütz jetzt ausgeschrieen sind, eine Notwendigkeit sich ergibt, sie mögen nun wollen oder nicht, sich des Staates anzunehmen, und dem Staat eine ihnen zu gehorchen, oder bis den Söhnen derer, die jetzt die Obergewalt und das Königtum inne haben oder ihnen selbst durch eine göttliche Eingebung wahre Liebe zu wahrer Philosophie eingeflößt wird.

Daß nun eines von diesen beiden oder beides unmöglich sei, dafür gestehe ich keinen Grund zu haben. Denn sonst würden wir mit Recht ausgelacht, daß wir umsonst fromme Wünsche redeten. Oder ist es nicht so? – Allerdings. – Wenn jedoch den in der Philosophie vollendeten jemals eine Notwendigkeit sich des Staates anzunehmen entweder irgend entstanden ist in der unendlichen vergangenen Zeit oder auch jetzt für sie besteht in irgend einer barbarischen weit außerhalb unseres Gesichtskreises gelegenen Gegend, oder irgend wann in der Folge entstehen wird: für diesen Fall sind wir bereit mit Gründen durchzufechten, daß diese beschriebene Verfassung bestanden hat oder besteht oder bestehen wird, wenn diese Muse sich eines Staates bemächtiget. Denn unmöglich ist sie nicht, noch bringen wir unmögliches vor, schweres aber, das geben wir selbst zu. – Auch mir, sagte er, scheint es so. – Den Leuten aber, sprach ich, wirst du wieder sagen, scheint es nicht so? – Vielleicht, sagte er. – Du herrlicher, sprach ich, klage auch nur die Leute nicht so sehr an. Sie werden schon eine andere Meinung bekommen, wenn du nicht rechthaberisch sondern mit freundlicher Zusprache, und indem du die Wißbegierde von jenen Verläumdungen entledigst, ihnen zeigest, was für welche du Philosophen nennst, und ihnen wie jetzt eben ihre Natur und ihre Bestrebungen beschreibst, damit sie nicht glauben du meinest dieselben, die sie meinen. Und wenn sie es so ansehen, wirst du wohl selbst sagen, daß sie eine andre Meinung fassen und anders antworten werden.

Oder glaubst du gegen den nicht heftigen werde einer zürnen und den nicht mißgünstigen einer beneiden, der doch selbst sanft und neidlos ist? Ich wenigstens will dir zuvorkommend sagen, daß ich glaube nur in Wenigen, nicht in der Menge, wohne eine so herbe Natur. – Das glaube auch ich gewiß mit dir, sagte er. – Glaubst du etwa auch dieses mit, daß an der widrigen Gesinnung der Menge gegen die Philosophie jene Schuld haben, die ungebührlicherweise von außen hineingeschwärmt sind, und nun sie schmähen und sich feindselig beweisen und immer von den Personen reden was der Philosophie gar nicht geziemt. – Gar sehr gewiß. – Denn wer in der Tat seine Gedanken auf das Seiende richtet, o Adeimantos, hat ja wohl nicht Zeit hinunter zu blicken auf das Treiben der Menschen und im Streit gegen sie sich mit Eifersucht und Widerwillen anzufüllen; sondern auf wohlgeordnetes und sich immer gleich bleibendes schauend, was unter sich kein Unrecht tut oder leidet, sondern nach Ordnung und Regel sich verhält, werden solche auch dieses nachahmen und sich dem nach Vermögen ähnlich bilden. Oder meinst du, es gebe eine Möglichkeit, daß einer das, womit er gern umgeht, nicht nachahme? – Unmöglich, sagte er. – Der Philosoph also, der mit dem göttlichen und geregelten umgeht, wird auch geregelt und göttlich, soweit es nur dem Menschen möglich ist. Verläumdung aber gibt es überall viel. – Allerdings freilich. – Wenn ihm nun, fuhr ich fort, eine Notwendigkeit entsteht, zu versuchen wie er das was er dort sieht auch in der Menschen Sitten einbilden könne, im einzelnen sowohl als öffentlichen Leben, um nicht nur sich allein zu bilden; glaubst du er werde ein schlechter Bildner zur Besonnenheit und Gerechtigkeit sein und zu jeder volksmäßigen Tugend? – Keinesweges, sprach er.

Also wenn die Leute nur gewahr werden, daß wir die Wahrheit von jenem sagen, werden sie dann doch den Philosophen böse sein und uns den Glauben verweigern, wenn wir sagen, daß ein Staat nicht glückselig sein könne, wenn ihn nicht diese des göttlichen Urbildes sich bedienenden Zeichner entworfen haben? – Sie werden wohl nicht böse sein, sprach er, wenn sie es gewahr geworden sind. Aber welches sagst du nun sei die Art des Entwurfs? – Wenn sie nun, sprach ich, wie eine Tafel den Staat und die Gemüter der Menschen zur Hand nehmen, werden sie sie wohl zuvörderst rein machen müssen, was gar nicht eben leicht ist. Denn das weißt du wohl, daß sie sich gleich dadurch von den andern unterscheiden werden, daß sie weder mit Einzelnen noch mit dem Staat sich ehe würden befassen noch Gesetze geben wollen, bis sie ihn rein überkommen oder selbst gereinigt haben. – Und wohl mit Recht, sagte er. – Nächstdem nun glaubst du wohl werden sie den Grundriß der Staatsverfassung vorzeichnen? – Was anders! – Hienach, denke ich, wenn sie sich an die Arbeit geben, werden sie wohl häufig auf beides hinsehn, auf das in der Natur gerechte schöne besonnene und alles dergleichen, und dann auch wieder auf jenes bei den Menschen vorhandene, und werden mischend und zusammensetzend aus ihren Bestrebungen das mannhafte hineinbilden nach Maßgabe jenes, was auch Homeros schon, wo es sich unter den Menschen findet, das göttliche und gottgleiche genannt hat.

Richtig, sagte er. – Und so werden sie wohl, denke ich, einiges auslöschen, einiges wieder einzeichnen, bis sie möglichst menschliche Sitten, soviel es sein kann, gottgefällig gemacht haben. – Die schönste Zeichnung, sagte er, wäre dies wenigstens. – Überzeugen wir nun wohl, sprach ich, jene, von denen du sagtest sie würden in geschlossenen Reihen gegen uns angehen, daß ein solcher Zeichner des Staats derjenige ist, den wir damals gegen sie lobten und um deswillen sie uns böse wurden, daß wir ihm die Staaten übergeben wollten? und werden sie lieber, wenn sie es jetzt hören, etwas sanfter sein? – Bei weitem wohl, sprach er, wenn sie bei Sinnen sind. – Wie sollten sie es auch eigentlich anzweifeln? Etwa so, daß die Philosophen nicht das Seiende und die Wahrheit liebten? – Das wäre ja ungereimt! sagte er. – Aber etwa daß die Natur von diesen, wie wir sie beschrieben haben, nicht dem edelsten verwandt wäre? – Auch das nicht. – Wie? oder daß eine solche, wenn sie zu den ihr gebührenden Beschäftigungen gelangt, nicht vollkommen trefflich und philosophisch werden müsse, wenn irgend eine? oder werden sie dies lieber von jenen sagen die wir ausgeschlossen haben? – Wohl nicht! – Wird es sie also noch erbittern, wenn wir sagen, daß, ehe sich das philosophische Geschlecht eines Staates bemächtiget, weder für den Staat noch die Bürger des Unheils ein Ende sein wird, noch die Verfassung, die wir in unserer Rede nur dichten, in wirkliche Erfüllung gehn kann? –

Weniger wohl vielleicht, sagte er. – Sagen wir nicht lieber, sprach ich, sie würden es nicht nur weniger sein, sondern ganz und gar besänftigt und überzeugt worden zu sein würden sie nun, wenn auch nur aus Scham, eingestehn? – Allerdings, sagte er. – Diese also, sprach ich, sollen uns nun überzeugt sein.

Sollte aber das wohl jemand bezweifeln, daß nicht Söhne von Königen oder Gewalthabern könnten geboren werden mit philosophischer Natur? – Wohl niemand, sagte er. – Daß es aber, wenn sie so geboren sind, ganz natürlich sei, daß sie werden verdorben werden, könnte wohl einer sagen. Denn daß es für sie schwer ist sich zu retten, geben wir auch zu; daß aber in aller Zeit auch nicht einer sollte können gerettet werden, könnte das wohl jemand behaupten? – Und wie? – Aber, sprach ich, Ein solcher, der einen folgsamen Staat findet, ist ja genug um alles ins Werk zu richten was jetzt so unglaublich gefunden wird. – Freilich genug, sagte er. – Denn wenn ein Regierender, sprach ich, die Gesetze und Einrichtungen einführt, die wir durchgegangen sind: so ist es doch wohl gar nicht unmöglich, daß die Bürger sie werden befolgen wollen. – Nicht im mindesten! – Denn daß, was uns gefällt, auch Andern gefalle, ist denn das etwas so wunderbares und unmögliches? – Das denke ich wenigstens nicht, sprach er. – Daß es aber, wenn nur möglich, das beste wäre, dies, denke ich, haben wir in dem vorigen zur Genüge gezeigt. – Zur Genüge. – Nun also scheint es kommt heraus, was die Gesetzgebung betrifft, daß das beste wäre, wenn das geschähe was wir sagen, daß es aber schwerlich geschehen kann, indessen doch auch nicht unmöglich ist. – Das folgt freilich, sagte er.

Also, nachdem wir dieses mit Mühe zu Ende gebracht, ist auch das übrige noch vorzutragen, auf welche Weise und durch welche Kenntnisse und Fertigkeiten die Retter der Verfassung sich bilden werden, und in welchem Alter jeder jedes ergreifen. – Das ist noch vorzutragen, sagte er. – Also war auch das wohl nichts kluges, sprach ich, daß ich anfänglich die Schwierigkeiten in der Art zu den Frauen zu gelangen und die Kindererzeugung und die Einsetzung der Obrigkeiten ausgelassen, weil ich wußte, wie vielen Widerspruch erregend und wie schwierig zu bewerkstelligen die vollkommen richtige sei; denn nun ist es nichts desto weniger doch gekommen, daß ich sie habe beschreiben gemußt. Was nun die Frauen und Kinder betrifft, das ist schon beendigt, das aber von den Obrigkeiten müssen wir noch einmal wie von vorn vornehmen. Wir sagten aber, wenn du dich erinnerst, sie müßten sich als Vaterlandsliebende zeigen, geprüft durch Lust und Unlust, daß sie diese Gesinnung weder in Beschwerde noch Furcht noch bei irgend anderen Veranlassungen fahren ließen, oder wer das nicht könne, sei zu verwerfen: wer aber überall ohne Schaden hervorgehe wie im Feuer geprüftes Gold, der sei zum Regenten zu bestellen, und ihm Preis und Ehre zu verleihen im Leben und im Tode. Das war es was gesagt wurde, indem die Rede sich verdeckt an der Seite vorbeischlich, aus Furcht das aufzuregen, was uns jetzt bevorsteht. – Vollkommen richtig, sagte er, denn ich erinnere mich wohl.

Ich trug nämlich Bedenken, o Lieber, sagte ich, auszusprechen was nun doch gewagt ist, und jetzt sei denn dieses schon gewagt zu sagen, daß man zu den obersten Hütern die Philosophen bestellen muß. – Das sei erklärt, sagte er. – Bedenke nun, wie natürlich es ist, daß du deren gar wenige haben wirst. Denn der Natur, welche wir beschrieben haben, einzelne Teile wollen sich schon selten zusammenfinden, sondern erzeugen sich gewöhnlich nur zerstreut. – Wie meinst du das? sagte er. – Die gelehrigen und gedächtnisreichen und geistesgegenwärtigen und scharfsinnigen und was damit zusammenhängt, weißt du wohl, pflegen eben nicht, so wie auch die von kühner und großartiger Gesinnung, zugleich auch so geartet zu sein, daß sie sittsam in Ruhe und Gleichmäßigkeit leben wollen; sondern die solchen werden von ihrem raschen Geiste getrieben wohin es sich trifft, und alles beharrlichen sind sie bar. – Richtig, sagte er. – Und wiederum die beharrlichen und nicht leicht veränderlichen Gemüter, auf die man sich am meisten als zuverlässig verlassen könnte, und die im Kriege schwerbeweglich sind von der Furcht, verhalten sich zum Lernen auch eben so; sie sind schwer beweglich und schwer fassend, wie betäubt und gleich voll Schlaf und Gähnen wenn sie dergleichen etwas durcharbeiten sollen. – So ist es, sagte er. – Wir aber sagten, sie müßten in beiden gut und schön versehen sein, oder es dürfte einer auch weder an der höchsten Bildung Teil bekommen noch an der höchsten Ehre und Gewalt. – Richtig, sagte er. – Glaubst du nun nicht, daß das selten werde der Fall sein? – Wie sollte es nicht! – Man muß sie also prüfen durch, was wir damals schon sagten, Anstrengung und Furcht und Lust, jetzt aber sagen wir auch noch, was wir damals ausließen, daß man sie in vielerlei Kenntnissen üben müsse, um zu sehen ob sie auch im Stande sind in den schwersten Forschungen auszuhalten, oder ob sie hier die Flucht ergreifen, wie andere sich anderwärts davon machen.

So ziemt es sich allerdings, sagte er, sie zu prüfen. Aber welches hältst du für die schwierigsten Forschungen? – Du erinnerst dich doch, sprach ich, daß wir dreierlei in der Seele unterschieden und daraus ermittelt hatten in Beziehung auf Gerechtigkeit, Besonnenheit, Tapferkeit und Weisheit, was jeder von diesen wäre. Oder nicht? – Wenn ich mich dessen nicht erinnerte, sagte er, verdiente ich ja gar nicht das übrige zu hören. – Auch was vor diesem gesagt war? – Welches doch? – Wir sagten ja, um dieses auf das allervollkommenste einzusehn gebe es einen anderen weiteren Gang, den man machen müsse, wenn es so deutlich werden solle; Beweise aber, die mit dem vorher gesagten zusammenhingen, könnten wir so auch anknüpfen, und ihr sagtet, das reiche hin. So wurden demnach dies damals erklärt mit nach meiner Meinung mangelhafter Genauigkeit, wenn aber für euch befriedigend, so mögt ihr das sagen. – Mir wenigstens, sagte er, schien es angemessen, und so auch den Andern. – Aber Freund, sprach ich, wenn in dergleichen das Maß auch nur im mindesten hinter dem rechten zurückbleibt, ist es gar nicht mehr angemessen; denn unvollständiges ist nichts das Maß von irgend etwas. Allein manche glauben bisweilen es sei schon hinreichend so und bedürfe nicht noch weiter untersucht zu werden. – Freilich, sagte er, begegnet das sehr vielen aus Trägheit. – Aber mit dieser, sprach ich, soll doch der Hüter des Staates und der Gesetze am wenigsten zu schaffen haben. – Natürlich, sprach er. – Ein solcher also, Freund, sagte ich, muß den weiteren Weg gehen und sich nicht minder im Forschen anstrengen als in Leibesübungen, oder, wie wir eben sagten, er wird die größte Einsicht und die ihm am eigentümlichsten zukommt nie zu Stande bringen.

Ist denn dieses, sagte er, nicht die größte? sondern gibt es noch größeres als die Gerechtigkeit, und was wir damals durchgingen? – Auch größeres noch, sprach ich; aber auch schon von diesem muß er nicht wie wir jetzt nur einen Umriß schauen, sondern die allervollständigste Ausarbeitung nicht unterlassen. Oder ist es nicht lächerlich, in andern unbedeutenden Dingen alles zu tun und sich anzustrengen um sie auf das genaueste und reinste zu haben, in dem größten aber nicht auch die größte Genauigkeit zu fordern? – Das ist freilich, sagte er, ein ganz würdiger Gedanke. Aber was du nun meinst unter der größten Einsicht und worauf sie sich bezieht, meinst du jemand werde ablassen dich nicht danach zu fragen? – Nicht eben, sprach ich. Also frage nur auch du. Auf jeden Fall hast du es schon nicht selten gehört, und entweder denkst du nur eben nicht daran, oder du hast wieder im Sinne mich zu fassen und mir Schwierigkeiten zu machen. Ich glaube aber eher das letztere. Denn daß die Idee des Guten die größte Einsicht ist, hast du schon vielfältig gehört, als durch welche erst das gerechte und alles was sonst Gebrauch von ihr macht nützlich und heilsam wird. Und auch jetzt weißt du wohl gewiß, daß ich dies sagen will, und noch überdies, daß wir sie nicht hinreichend kennen; wenn wir sie aber nicht kennen, weißt du wohl, daß, wenn wir auch ohne sie alles andere noch so gut wüßten, es uns doch nicht hilft, wie auch nicht, wenn wir etwas hätten ohne das Gute. Oder meinst du, es helfe uns etwas alle Habe zu haben, nur die gute nicht? oder alles zu verstehn, ohne das gute, schönes und gutes aber nichts zu verstehn? – Beim Zeus, ich nicht, sagte er.

Aber das weißt du ja doch wohl auch, daß der Menge die Lust das Gute zu sein scheint, denen aber, die sich mehr wissen, die Einsicht. – Wie sollte ich nicht! – Und, Lieber, daß die dieses meinenden nicht zu zeigen wissen, welche Einsicht, sondern am Ende genötiget werden zu sagen die des Guten. – Und das gar lächerlich, sagte er. – Wie sollte es nicht, sprach ich, wenn sie uns erst vorwerfen, daß wir das Gute nicht kennen, und dann doch wieder mir uns reden als kennten wir es; denn sie sagen es sei die Einsicht des Guten, als verständen wir nun wieder was sie meinen, wenn sie das Wort gut aussprechen. – Ganz richtig, sagte er. – Und wie? die das Gute als die Lust erklären, sind die etwa weniger irrig als die andern, oder werden sie nicht auch genötigt zu gestehen, es gebe schlechte Lust?

– Gar sehr. – Also kommt heraus, denke ich, daß sie gestehen, gutes und schlechtes sei dasselbe. Oder nicht? – Wie anders! – Also daß es vielen und großen Streit darüber gibt, ist offenbar. – Wie sollte es nicht! – Und ist nicht auch das klar, daß von gerechtem und schönem viele nur was so scheint, wenn es auch nicht ist, tun und haben wollen und dafür angesehen sein. Gutes aber genügt niemanden nur scheinbares zu haben, sondern jeder sucht was gut ist, und den Schein verachtet hiebei schon jeder. – Freilich, sagte er. – Was also jede Seele anstrebt und um deswillen alles tut, ahndend es gebe so etwas, aber doch nur schwankend und nicht recht treffen könnend was es wohl ist, noch zu einer festen Überzeugung gelangend wie auch bei andern Dingen, daher aber auch anderes mit verfehlt, was irgend nutz wäre: sollen über diese so wichtige Sache auch jene besten im Staat so im Dunkeln sein, in deren Hände wir alles geben wollen?

Wohl am wenigsten, sagte er. – Ich wenigstens glaube, fuhr ich fort, daß gerechtes und schönes, wenn nicht gewußt in wiefern beides auch gut ist, eben keinen sonderlichen Hüter haben werden an dem er dies nicht weiß; mir aber ahnet, daß auch jenes beides selbst niemand vorher genau erkennen werde. – Und gar recht ahnet dir, sagte er. – Also unsere Verfassung wird vollständig geordnet sein, wenn ein Hüter, der dieser Dinge kundig ist, die Aufsicht über sie führt? – Notwendig, sagte er. Aber du, o Sokrates, sagst denn du Erkenntnis sei das Gute oder Lust, oder ein anderes als beides? – Du trefflicher Mann, sprach ich, dir sah ich es schon lange an, daß du nicht genug haben würdest an dem, was Andere hierüber meinen. – Es scheint mir auch nicht recht, sagte er, o Sokrates, daß man nur Anderer Lehren hierüber soll vorzutragen wissen, seine eigene aber nicht, zumal wenn man so lange Zeit sich hiemit beschäftiget hat. – Wie? sprach ich, dünkt dich denn das recht, was einer nicht weiß, darüber doch zu reden als wisse er es? – Keinesweges wohl, sagte er, als wisse er es; wohl aber soll er als Meinung vortragen wollen, was er darüber meint. – Wie? fuhr ich fort, hast du es denn den Meinungen ohne Erkenntnis nicht abgemerkt, wie etwas schmähliges sie alle sind, da ja die besten von ihnen blind sind? oder dünken dich die ohne Vernunft doch etwas richtig vorstellen besser zu sein als Blinde, die auch ihren Weg richtig treffen? – Gar nicht, sagte er. – Du willst also schmähliches sehen, blindes und krummes, da du von Andern klares und schönes hören kannst? – Daß du uns beim Zeus, o Sokrates, sprach Glaukon, nur nicht noch am Ende im Stich lassest. Denn wir wollen zufrieden sein, wenn du auch nur eben so, wie du über die Gerechtigkeit und Besonnenheit und das übrige geredet hast, auch über das Gute reden willst.

Auch ich, sprach ich, lieber Freund, wollte gar sehr zufrieden sein! aber daß ich es nur nicht unvermögend bin, und wenn ich es dann doch versuche, mich ungeschickt gebärde und euch zu lachen mache! Allein, ihr herrlichen, was das Gute selbst ist, wollen wir für jetzt doch lassen; denn es scheint mir für unsern jetzigen Anlauf viel zu weit auch nur bis zu dem zu kommen, was ich jetzt darüber denke. Was mir aber als ein Sprößling und zwar als ein sehr ähnlicher des Guten erscheint, will ich euch sagen, wenn es euch auch so recht ist; wo nicht, so wollen wir es lassen. – Nein, sprach er, sage es nur; und des Vaters Beschreibung magst du uns ein andermal entrichten. – Ich wollte, sagte ich, daß ich euch die ganze Schuld zahlen und ihr sie einstreichen könntet, und nicht wie jetzt nur die Zinsen. Diesen Zins also und Sprößling des Guten nehmt für jetzt auf Abschlag. Hütet euch jedoch, daß ich euch nicht wider Willen mit einer verfälschten Rechnung über diese Zinsen hintergehe. – Wir wollen uns schon, sagte er, nach Möglichkeit hüten; sage nur an! – Nachdem ich euch, sagte ich, werde zum Anerkenntnis und in Erinnerung gebracht haben das im vorigen gesagte und auch sonst schon oft erklärte. – Welches denn? fragte er. – Vieles schöne, sprach ich, und vieles gute was einzeln so sei nehmen wir doch an, und bestimmen es uns durch Erklärung. – Das nehmen wir an.

Dann aber auch wieder das Schöne selbst und das Gute selbst und so auch alles was wir vorher als vieles setzten, setzen wir als Eine Idee eines jeden, und nennen es jegliches was es ist. – So ist es. – Und von jenem vielen sagen wir, daß es gesehen werde aber nicht gedacht; von den Ideen hingegen, daß sie gedacht werden aber nicht gesehen. – Auf alle Weise freilich. – Womit nun an uns sehen wir das gesehene? – Mit dem Gesicht, sagte er. – Nicht auch eben so, sprach ich, mit dem Gehör das gehörte, und so mit den übrigen Sinnen alles wahrnehmbare? – Freilich. – Hast du auch wohl den Bildner der Sinne beachtet, wie er das Vermögen des Sehens und Gesehenwerdens bei weitem am köstlichsten gebildet hat? – Nicht eben, sagte er. – Also betrachte es so. Bedürfen wohl das Gehör und die Stimme noch ein anderes Wesen, damit jenes höre und diese gehört werde, so daß, wenn dieses dritte nicht da ist, jenes nicht hören kann und diese nicht gehört werden? – Keines, sagte er. – Und ich glaube, sprach ich, daß auch die meisten andern, um nicht zu sagen alle, dergleichen nichts bedürfen. Oder weißt du einen anzuführen? – Ich keinen, sagte er. – Aber das Gesicht und das

Sichtbare, merkst du nicht, daß die eines solchen bedürfen? – Wie so? – Wenn auch in den Augen Gesicht ist, und wer sie hat versucht es zu gebrauchen, und wenn auch Farbe für sie da ist: so weißt du wohl, wenn nicht ein drittes Wesen hinzukommt, welches eigens hiezu da ist seiner Natur nach, daß dann das Gesicht doch nichts sehen wird, und die Farben werden unsichtbar bleiben. – Welches ist denn dieses, was du meinst? fragte er. – Was du, sprach ich, das Licht nennst.

Du hast Recht, sagte er. – Also sind durch eine nicht geringe Sache der Sinn des Gesichts und das Vermögen des Gesehenwerdens mit einem köstlicheren Bande als die anderen solchen Verknüpfungen an einander gebunden, wenn doch das Licht nichts unedles ist. – Weit gefehlt wohl daß es das sein sollte. – Und von welchem unter den Göttern des Himmels sagst du wohl, daß dieses abhänge, dessen Licht mache daß unser Gesicht auf das schönste sieht und daß das Sichtbare gesehen wird. – Denselbigen, sagte er, den auch du und jedermann; denn offenbar fragst du doch nach der Sonne. – Verhält sich nun das Gesicht so zu diesem Gott? – Wie? – Das Gesicht ist nicht die Sonne, weder es selbst noch auch das worin es sich befindet, und was wir Auge nennen. – Freilich nicht. – Aber das sonnenähnlichste denke ich ist es doch unter allen Werkzeugen der

Wahrnehmung. – Bei weitem. – Und auch das Vermögen, welches es hat, besitzt es doch als einen von jenem Gott ihm mitgeteilten Ausfluß. – Allerdings. – So auch die Sonne ist nicht das Gesicht, aber als die Ursache davon wird sie von eben demselben gesehen. – So ist es, sprach er. – Und eben diese nun, sprach ich, sage nur daß ich verstehe unter jenem Sprößling des Guten, welchen das Gute nach der Ähnlichkeit mit sich gezeugt hat, so daß wie jenes selbst in dem Gebiet des Denkbaren zu dem Denken und dem Gedachten sich verhält, so diese in dem des Sichtbaren zu dem Gesicht und dem Gesehenen. – Wie? sagte er, zeige mir das noch genauer.

Die Augen, sprach ich, weißt du wohl, wenn sie einer nicht auf solche Dinge richtet, auf deren Oberfläche das Tageslicht fällt, sondern auf die nächtlicher Schimmer: so sind sie blöde und scheinen beinahe blind, als ob keine reine Sehkraft in ihnen wäre? – Ganz recht, sagte er. – Wenn aber, denke ich, auf das was die Sonne bescheint: dann sehen sie deutlich, und es zeigt sich, daß in eben diesen Augen die Sehkraft wohnt. – Freilich. – Eben so nun betrachte dasselbe auch an der Seele. Wenn sie sich auf das heftet, woran Wahrheit und das Seiende glänzt: so bemerkt und erkennt sie es, und es zeigt sich daß sie Vernunft hat. Wenn aber auf das mit Finsternis gemischte, das entstehende und vergehende: so meint sie nur und ihr Gesicht verdunkelt sich so, daß sie ihre Vorstellungen bald so bald so herumwirft, und wiederum aussieht, als ob sie keine Vernunft hätte. – Das tut sie freilich. – Dieses also, was dem erkennbaren Wahrheit mitteilt und dem erkennenden das Vermögen hergibt, sage sei die Idee des Guten; aber wie sie der Erkenntnis und der Wahrheit als welche erkannt wird, Ursache zwar ist: so wirst du doch, so schön auch diese beide sind, Erkenntnis und Wahrheit, doch nur, wenn du dir jenes als ein anderes und noch schöneres als beide denkst, richtig denken.

Erkenntnis aber und Wahrheit, so wie dort Licht und Gesicht für sonnenartig zu halten zwar recht war, für die Sonne selbst aber nicht recht, so ist auch hier diese beiden für gutartig zu halten zwar recht, für das Gute selbst aber gleichviel welches von beiden anzusehen nicht recht, sondern noch höher ist die Beschaffenheit des Guten zu schätzen. – Eine überschwängliche Schönheit, sagte er, verkündigest du, wenn es Erkenntnis und Wahrheit hervorbringt, selbst aber noch über diesen steht an Schönheit. Für Lust also hältst du es doch gewiß nicht. – Frevle nicht! sprach ich, sondern betrachte sein Ebenbild noch weiter so. – Wie? – Die Sonne, denke ich, wirst du sagen, verleihe dem Sichtbaren nicht nur das Vermögen gesehen zu werden, sondern auch das Werden und Wachstum und Nahrung, ohnerachtet sie selbst nicht das Werden ist. – Wie sollte sie das sein! – Eben so nun sage auch, daß dem Erkennbaren nicht nur das Erkanntwerden von dem Guten komme, sondern auch das Sein und Wesen habe es von ihm, da doch das Gute selbst nicht das Sein ist, sondern noch über das Sein an Würde und Kraft hinausragt. – Da sagte Glaukon sehr komisch, Apoll das ist ein wundervolles Übertreffen! – Du bist eben, sprach ich, selbst Schuld daran, indem du mich gezwungen hast zu sagen was mir davon dünkt. – Und daß du nur ja nicht aufhörst, sagte er, wenigstens nicht bis du die Ähnlichkeit mit der Sonne noch weiter durchgenommen hast, wenn noch etwas zurück ist. – Gewiß, sagte ich, ist noch mancherlei zurück. – So lasse nur ja, sagte er, auch nicht das kleinste aus. – Ich werde wohl, denke ich, gar vieles auslassen müssen; indes soviel für jetzt möglich ist, davon will ich mit Willen nichts übergehen. – Ja nicht, sagte er.

Merke also, sprach ich, wie wir sagen, daß dieses zwei sind und daß sie herrschen, das eine über das denkbare Geschlecht und Gebiet, das andere über das sichtbare, damit du nicht, wenn ich sage über den Himmel, meinest ich wolle in Worten spielen. Also diese beiden Arten hast du nun, das denkbare und sichtbare. – Die habe ich. – So nimm nun wie von einer in zwei geteilten Linie die ungleichen Teile, und teile wiederum jeden Teil nach demselben Verhältnis das Geschlecht des sichtbaren und das des denkbaren: so gibt dir vermöge des Verhältnisses von Deutlichkeit und Unbestimmtheit in dem sichtbaren der eine Abschnitt Bilder. Ich nenne aber Bilder zuerst die Schatten, dann die Erscheinungen im Wasser und die sich auf allen dichten glatten und glänzenden Flächen finden und alle dergleichen, wenn du es verstehst. – Ich verstehe es. – Und als den andern Abschnitt setze das, dem diese gleichen, nämlich die Tiere bei uns und das gesamte Gewächsreich und alle Arten des künstlich gearbeiteten. – Das setze ich, sagte er. – Wirst du auch die Sache selbst behaupten wollen, sprach ich, daß in Bezug auf Wahrheit und nicht, wie sich das Vorstellbare von dem Erkennbaren unterscheidet, so auch das nachgebildete von dem welchem es nachgebildet ist? – Das möchte ich gar sehr, sagte er. – So betrachte nun auch die Teilung des denkbaren wie dies zu teilen ist. – Wonach also? – Sofern den einen Teil die Seele genötiget ist, indem sie das damals abgeschnittene als Bilder gebraucht, zu suchen von Voraussetzungen aus nicht zum Anfange zurückschreitend, sondern nach dem Ende hin, den andern hingegen auch von Voraussetzungen ausgehend, aber zu dem keiner Voraussetzung weiter bedürfenden Anfang hin, und indem sie ohne die bei jenem angewendeten Bilder mit den Begriffen selbst verfährt.

Dieses, sagte er, was du da erklärst, habe ich nicht gehörig verstanden. – Hernach aber, sprach ich; denn wenn folgendes noch vorangeschickt ist, wirst du es leichter verstehen. Denn ich denke du weißt, daß die, welche sich mit der Meßkunst und den Rechnungen und dergleichen abgeben, das Gerade und Ungerade und die Gestalten und die drei Arten der Winkel und was dem sonst verwandt ist in jeder Verfahrungsart voraussetzend, nachdem sie dies als wissend zum Grunde gelegt keine Rechenschaft weiter darüber weder sich noch andern geben zu dürfen glauben, als sei dies schon allen deutlich, sondern hievon beginnend gleich das weitere ausführen und dann folgerechterweise bei dem anlangen, auf dessen Untersuchung sie ausgegangen waren. – Allerdings, sagte er, dies ja weiß ich. – Auch daß sie sich der sichtbaren Gestalten bedienen und immer auf diese ihre Reden beziehen, ohnerachtet sie nicht von diesen handeln, sondern von jenem, dem diese gleichen, und um des Vierecks selbst willen und seiner Diagonale ihre Beweise führen, nicht um deswillen welches sie zeichnen, und so auch sonst überall dasjenige selbst was sie nachbilden und abzeichnen, wovon es auch Schatten und Bilder im Wasser gibt, deren sie sich zwar als

Bilder bedienen, immer aber jenes selbst zu erkennen trachten, was man nicht anders sehen kann als mit dem Verständnis.

Du hast Recht, sagte er. – Diese Gattung also sagte ich allerdings sei auch erkennbares, die Seele aber sei genötiget bei der Untersuchung derselben sich der Voraussetzung zu bedienen, nicht so daß sie zum Anfang zurückgeht, weil sie sich nämlich über die Voraussetzungen hinauf nicht versteigen kann, sondern so daß sie sich dessen als Bilder bedient, was von den unteren Dingen dargestellt wird, und zwar derer die im Vergleich mit den andern als hell und klar verherrlicht und in Ehren gehalten werden. – Ich verstehe, sagte er, daß du meinst, was zur Geometrie und den ihr verwandten Künsten gehört. – So verstehe denn auch, daß ich unter dem andern Teil des denkbaren dasjenige meine, was die Vernunft unmittelbar ergreift, indem sie mittelst des dialektischen Vermögens Voraussetzungen macht, nicht als Anfänge, sondern wahrhaft Voraussetzungen als Einschritt und Anlauf, damit sie bis zum Aufhören aller Voraussetzung an den Anfang von allem gelangend, diesen ergreife, und so wiederum, sich an alles haltend was mit jenem zusammenhängt, zum Ende hinabsteige, ohne sich überall irgend etwas sinnlich wahrnehmbaren, sondern nur der Ideen selbst an und für sich dazu zu bedienen, und so am Ende eben zu ihnen, den

Ideen, gelange. – Ich verstehe, sagte er, zwar noch nicht genau, denn du scheinst mir gar vielerlei zu sagen, doch aber daß du bestimmen willst, was vermittelst der dialektischen Wissenschaft von dem seienden und denkbaren geschaut werde, sei sicherer als was von den eigentlich so genannten Wissenschaften, deren Anfänge Voraussetzungen sind, welche dann die Betrachtenden mit dem Verstande und nicht mit den Sinnen betrachten müssen.

Weil sie aber ihre Betrachtung nicht so anstellen, daß sie bis zu den Anfängen zurückgehen, sondern nur von den Annahmen aus: so scheinen sie dir keine Vernunfterkenntnis davon zu haben, obgleich, ginge man vom Anfange aus, sie ebenfalls erkennbar wären. Verstand aber scheinst du mir die Fertigkeit der Meßkünstler und was dem ähnlich ist zu nennen, als etwas zwischen der bloßen Vorstellung und der Vernunfterkenntnis zwischen inne liegendes. – Vollkommen richtig, sprach ich, hast du es aufgefaßt! Und nun nimm mir auch die diesen vier Teilen zugehörigen Zustände der Seele dazu, die Vernunfteinsicht dem obersten, die Verstandesgewißheit dem zweiten, dem dritten aber weise den Glauben an und dem vierten die Wahrscheinlichkeit; und ordne sie dir nach dem Verhältnis, daß soviel das, worauf sie sich beziehn, an der Wahrheit Teil hat, soviel auch jedem von ihnen Gewißheit zukomme. – Ich verstehe, sagte er, und räume es ein, und ordne sie wie du sagst.

Das Höhlengleichnis (Kapitel 7 aus „Der Staat")

Nächstdem, sprach ich, vergleiche dir unsere Natur in Bezug auf Bildung und Unbildung folgendem Zustande. Sieh nämlich Menschen wie in einer unterirdischen höhlenartigen Wohnung, die einen gegen das Licht geöffneten Zugang längs der ganzen Höhle hat. In dieser seien sie von Kindheit an gefesselt an Hals und Schenkeln, so daß sie auf demselben Fleck bleiben und auch nur nach vorne hin sehen, den Kopf aber herumzudrehen der Fessel wegen nicht vermögend sind. Licht aber haben sie von einem Feuer, welches von oben und von ferne her hinter ihnen brennt. Zwischen dem Feuer und den Gefangenen geht oben her ein Weg, längs diesem sieh eine Mauer aufgeführt, wie die Schranken welche die Gaukler vor den Zuschauern sich erbauen, über welche herüber sie ihre Kunststücke zeigen. – Ich sehe, sagte er. – Sieh nun längs dieser Mauer Menschen allerlei Gefäße tragen, die über die Mauer herüber ragen, und Bildsäulen und andere steinerne und hölzerne Bilder und von allerlei Arbeit; Einige, wie natürlich, reden dabei, andere schweigen. – Ein gar wunderliches Bild, sprach er, stellst du dar und wunderliche Gefangene. – Uns ganz ähnliche, entgegnete ich. Denn zuerst, meinest du wohl, daß dergleichen Menschen von sich selbst und von einander etwas anderes zu sehen bekommen als die Schatten, welche das Feuer auf die ihnen gegenüberstehende Wand der Höhle wirft? – Wie sollten sie, sprach er, wenn sie gezwungen sind zeitlebens den Kopf unbeweglich zu halten! – Und von dem vorübergetragenen nicht eben dieses? – Was sonst? – Wenn sie nun mit einander reden könnten, glaubst du nicht, daß sie auch pflegen würden dieses vorhandene zu benennen was sie sähen? – Notwendig. – Und wie, wenn ihr Kerker auch einen Widerhall hätte von drüben her, meinst du, wenn einer von den Vorübergehenden spräche, sie würden denken etwas anderes rede als der eben vorübergehende Schatten? – Nein, beim Zeus, sagte er. – Auf keine Weise also können diese irgend etwas anderes für das wahre halten als die Schatten jener Kunstwerke? – Ganz unmöglich. – Nun betrachte auch, sprach ich, die Lösung und Heilung von ihren Banden und ihrem Unverstande, wie es damit natürlich stehn würde, wenn ihnen folgendes begegnete. Wenn einer entfesselt wäre, und gezwungen würde sogleich aufzustehn, den Hals herumzudrehn, zu gehn und gegen das Licht zu sehn, und indem er das täte immer Schmerzen hätte, und wegen des flimmernden Glanzes nicht recht vermöchte jene Dinge zu erkennen, wovon er vorher die Schatten sah: was meinst du wohl, würde er sagen, wenn ihn einer versicherte, damals habe er lauter nichtiges gesehen, jetzt aber dem seienden näher und zu dem mehr seienden gewendet sähe er richtiger, und ihm jedes vorübergehende zeigend ihn fragte und zu antworten zwänge was es sei? meinst du nicht er werde ganz verwirrt sein und glauben, was er damals gesehn sei doch wirklicher als was ihm jetzt gezeigt werde? – Bei weitem, antwortete er.

Und wenn man ihn gar in das Licht selbst zu sehen nötigte, würden ihm wohl die Augen schmerzen und er würde fliehen und zu jenem zurückkehren was er anzusehen im Stande ist, fest überzeugt, dies sei weit gewisser als das letzt gezeigte? – Allerdings. – Und, sprach ich, wenn ihn einer mit Gewalt von dort durch den unwegsamen und steilen Aufgang schleppte, und nicht losließe bis er ihn an das Licht der Sonne gebracht hätte, wird er nicht viel Schmerzen haben und sich gar ungern schleppen lassen? Und wenn er nun an das Licht kommt und die Augen voll Strahlen hat, wird er nichts sehen können von dem was ihm nun für das wahre gegeben wird. – Freilich nicht, sagte er, wenigstens sogleich nicht. – Gewöhnung also, meine ich, wird er nötig haben um das obere zu sehen. Und zuerst würde er Schatten am leichtesten erkennen, hernach die Bilder der Menschen und der andern Dinge im Wasser, und dann erst sie selbst. Und eben so was am Himmel ist und den Himmel selbst würde er am liebsten in der Nacht betrachten und in das Mond- und Sternenlicht sehn als bei Tage in die Sonne und in ihr Licht. – Wie sollte er nicht! – Zuletzt aber, denke ich, wird er auch die Sonne selbst, nicht Bilder von ihr im Wasser oder anderwärts, sondern sie selbst an ihrer eigenen Stelle anzusehn und zu betrachten im Stande sein. – Notwendig, sagte er.

Und dann wird er schon herausbringen von ihr, daß sie es ist die alle Zeiten und Jahre schafft und alles ordnet in dem sichtbaren Raume, und auch von dem was sie dort sahen gewissermaßen die Ursache ist. – Offenbar, sagte er, würde er nach jenem auch hiezu kommen. – Und wie, wenn er nun seiner ersten Wohnung gedenkt und der dortigen Weisheit und der damaligen Mitgefangenen, meinst du nicht er werde sich selbst glücklich preisen über die Veränderung, jene aber beklagen? – Ganz gewiß. – Und wenn sie dort unter sich Ehre, Lob und Belohnungen für den bestimmt hatten, der das vorüberziehende am schärfsten sah und sich am besten behielt was zuerst zu kommen pflegte und was zuletzt und was zugleich, und daher also am besten vorhersagen konnte was nun erscheinen werde: glaubst du es werde ihn danach noch groß verlangen, und er werde die bei jenen geehrten und Machthabenden beneiden? Oder wird ihm das Homerische begegnen und er viel lieber wollen das Feld als Tagelöhner bestellen einem dürftigen Mann und lieber alles über sich ergehen lassen als wieder solche Vorstellungen zu haben wie dort, und so zu leben? – So, sagte er, denke ich wird er sich alles eher gefallen lassen als so zu leben. – Auch das bedenke noch, sprach ich. Wenn ein solcher nun wieder hinunterstiege und sich auf denselben Schemel setzte: würden ihm die Augen nicht ganz voll Dunkelheit sein, da er so plötzlich von der Sonne herkommt? – Ganz gewiß. – Und wenn er wieder in der Begutachtung jener Schatten wetteifern sollte mit denen, die immer dort gefangen gewesen, während es ihm noch vor den Augen flimmert ehe er sie wieder dazu einrichtet, und das möchte keine kleine Zeit seines Aufenthalts dauern, würde man ihn nicht auslachen und von ihm sagen, er sei mit verdorbenen Augen von oben zurückgekommen, und es lohne nicht, daß man versuche hinaufzukommen; sondern man müsse jeden, der sie lösen und hinaufbringen wollte, wenn man seiner nur habhaft werden und ihn umbringen könnte, auch wirklich umbringen? – So sprächen sie ganz gewiß, sagte er.

Dieses ganze Bild nun, sagte ich, lieber Glaukon, mußt du mit dem früher gesagten verbinden, die durch das Gesicht uns erscheinende Region der Wohnung im Gefängnisse gleich setzen, und den Schein von dem Feuer darin der Kraft der Sonne; und wenn du nun das Hinaufsteigen und die Beschauung der oberen Dinge setzest als den Aufschwung der Seele in die Gegend der Erkenntnis, so wird dir nicht entgehen was mein Glaube ist, da du doch dieses zu wissen begehrst. Gott mag wissen ob er richtig ist; was ich wenigstens sehe, das sehe ich so, daß zuletzt unter allem erkennbaren und nur mit Mühe die Idee des Guten erblickt wird, wenn man sie aber erblickt hat, sie auch gleich dafür anerkannt wird, daß sie für Alle die Ursache alles richtigen und schönen ist, im sichtbaren das Licht und die Sonne, von der dieses abhängt, erzeugend, im erkennbaren aber sie allein als Herrscherin Wahrheit und Vernunft hervorbringend, und daß also diese sehen muß, wer vernünftig handeln will es sei nun in eigenen oder in öffentliche Angelegenheiten. – Auch ich, sprach er, teile die Meinung, so gut ich eben kann.

Komm denn, sprach ich, teile auch diese mit mir, und wundere dich nicht, wenn diejenigen, die bis hieher gekommen sind, nicht Lust haben menschliche Dinge zu betreiben, sondern ihre Seelen immer nach dem Aufenthalt oben trachten; denn so ist es ja natürlich, wenn sich dies nach dem vorher aufgestellten Bilde verhält. – Natürlich freilich, sagte er. – Und wie? kommt dir das wunderbar vor, fuhr ich fort, daß von göttlichen Anschauungen unter das menschliche Elend versetzt einer sich übel gebärdet, und gar lächerlich erscheint, wenn er, so lange er noch trübe sieht und ehe er sich noch an die dortige Finsternis hinreichend gewöhnt hat, schon genötiget wird vor Gericht oder anderwärts zu streiten über die Schatten des gerechten oder die Bilder zu denen sie gehören, und dieses auszufechten, wie es sich die etwa vorstellen, welche die Gerechtigkeit selbst niemals gesehen haben? – Nicht im mindesten zu verwundern! sagte er. – Sondern, wenn einer Vernunft hätte, fuhr ich fort, so würde er bedenken, daß durch zweierlei und auf zwiefache Weise das Gesicht gestört sein kann, wenn man aus dem Licht in die Dunkelheit versetzt wird, und wenn aus der Dunkelheit in das Licht.

Und eben so würde er denken gehe es auch mit der Seele, und würde, wenn er eine verwirrt findet und unfähig zu sehen, nicht unüberlegt lachen, sondern erst zusehen, ob sie wohl von einem lichtvolleren Leben herkommend aus Ungewohnheit verfinstert ist, oder ob sie aus größerem Unverstande ins hellere gekommen durch die Fülle des Glanzes geblendet wird; und so würde er dann die eine wegen ihres Zustandes und ihrer Lebensweise glücklich preisen, die andere aber bedauern; oder, wenn er über diese lachen wollte, wäre sein Lachen nicht so lächerlich, als das über die, welche von oben her aus dem Lichte kommt. – Sehr richtig gesprochen, sagte er. – Wir müssen daher, sprach ich, so hierüber denken, wenn das bisherige richtig ist, daß die Unterweisung nicht das sei, wofür Einige sich vermessen sie auszugeben. Nämlich sie behaupten, wenn keine Erkenntnis in der Seele sei, könnten sie sie ihr einsetzen wie wenn sie blinden Augen ein Gesicht einsetzten. – Das behaupten sie freilich, sagte er.

Die jetzige Rede aber, sprach ich, deutet an, daß dieses der Seele eines Jeden einwohnende Vermögen, und das Organ, womit jeder begreift, wie das Auge nicht anders als mit dem gesamten Leibe zugleich sich aus dem Finstern ans Helle wenden konnte, so auch dieses nur mit der gesamten Seele zugleich von dem Werdenden abgeführt werden muß, bis es das Anschauen des Seienden und des glänzendsten unter dem Seienden aushalten lernt. Dieses aber, sagten wir, sei das Gute; nicht wahr? – Ja. – Hievon nun eben, sprach ich, mag sie wohl die Kunst sein, die Kunst der Umlenkung, auf welche Weise wohl am leichtesten und wirksamsten dieses Vermögen kann umgewendet werden, nicht die Kunst ihm das

Sehen erst einzubilden, sondern als ob es dies schon habe und nur nicht recht gestellt sei und nicht sehe wohin es solle, ihm dieses zu erleichtern. – Das leuchtet ein, sagte er.

Die andern Tugenden der Seele nun, wie man sie zu nennen pflegt, mögen wohl sehr nahe liegen denen des Leibes; denn in der Wirklichkeit früher nicht vorhanden, scheinen sie erst hernach angebildet zu werden durch Gewöhnungen und Übung; die des Erkennens aber mag wohl vielmehr einem göttlicheren angehören, wie es scheint, welches seine Kraft niemals verliert, nur aber durch Lenkung nützlich und heilbringend oder auch unnütz und verderblich wird. Oder hast du noch nicht auf die geachtet, die man böse aber klug nennt, wie scharf ihr Seelchen sieht und wie genau es dasjenige erkennt worauf es sich richtet, daß es also kein schlechtes Gesicht hat, aber dem Bösen dienen muß, und daher, je schärfer es sieht, um desto mehr Böses tut. – Allerdings, sagte er.

Eben dieses indes an einer solchen Natur, wenn sie von Kindheit an gehörig beschnitten und das dem Werden oder der Zeitlichkeit verwandte ihr ausgeschnitten worden wäre, was sich wie Bleikugeln an die Gaumenlust und andere Lüste und Weichlichkeiten anhängt und das Gesicht der Seele nach unten wendet, würde dann hievon befreit sich zu dem wahren hinwenden und dann bei denselbigen

Menschen auch dieses auf das schärfste sehen, eben wie das dem es jetzt zugewendet ist. – Natürlich, sagte er. – Und wie, sprach ich, ist nicht auch dies natürlich und nach dem bisher gesagten notwendig, daß weder die Ungebildeten und der Wahrheit unkundigen dem Staat gehörig vorstehen werden, noch auch die, welche man sich immerwährend mit den Wissenschaften beschäftigen läßt? die einen, weil sie nicht einen Zweck im Leben haben, auf welchen zielend sie alles täten, was sie tun für sich und öffentlich; die andern, weil sie gutwillig gar nicht Geschäfte werden betreiben wollen, in der Meinung, daß sie noch immer auf den Inseln der Seligen leben und also abwesend sind. – Richtig, sagte er. – Uns also, als den Gründern der Stadt, sprach ich, liegt ob die trefflichsten Naturen unter unsern Bewohnern zu nötigen, daß sie zu jener Kenntnis zu gelangen suchen, welche wir im vorigen als die größte aufstellten, nämlich das Gute zu sehen, und die Reise aufwärts dahin anzutreten; aber wenn sie dort oben zur Genüge geschaut haben, darf man ihnen nicht erlauben, was ihnen jetzt erlaubt wird. – Welches meinst du? –

Dort zu bleiben, sprach ich, und nicht wieder zurückkehren zu wollen zu jenen Gefangenen, noch Anteil zu nehmen an ihren Mühseligkeiten und Ehrenbezeugungen, mögen diese nun geringfügig sein oder bedeutend. – Also, sagte er, wollen wir ihnen Unrecht zufügen, und Schuld daran sein daß sie schlechter leben, da sie es besser könnten? – Du hast wieder vergessen Freund, sprach ich, daß der Gesetzgeber sich nicht dieses angelegen sein läßt, daß Ein Geschlecht im Staat sich ausgezeichnet wohl befinde, sondern daß er im ganzen Staate Wohlsein muß hervorzubringen suchen, indem er die Bürger ineinander fügt und sie teils überredet, teils nötiget einander mitzuteilen von dem Nutzen den jeder dem gemeinen Wesen leisten kann, und indem er Männer dieser Art dem Staate selbst zuzieht, nicht um sie hernach gehn zu lassen wohin jeder will, sondern um sich selbst ihrer für den Verein, des Staates zu bedienen. – Richtig, sagte er; das hatte ich freilich vergessen. – Betrachte nun, o Glaukon, fuhr ich fort, daß wir den bei uns sich bildenden Philosophen kein Unrecht tun werden, sondern ganz gerechtes gegen sie aussprechen, wenn wir ihnen zumuten für die Andern Sorge zu tragen und sie in Obhut zu halten. Wir werden ihnen nämlich sagen, daß die in andern Staaten Philosophen werden billigerweise an den Arbeiten in denselben keinen Teil nehmen; denn sie bilden sich zu solchen von freien Stücken wider Willen der jedesmaligen Verfassung, und das sei ganz billig, daß was von selbst gewachsen ist, da es niemanden für seine Kost verpflichtet ist, auch nicht Lust hat jemanden Kostgeld zu bezahlen. Euch aber haben wir zu eurem und des übrigen Staates Besten wie in den Bienenstöcken die Weisel und Könige erzogen und besser und vollständiger als die übrigen ausgebildet, so daß ihr tüchtiger seid an beidem teilzunehmen.

Ihr müßt also nun wieder herabsteigen jeder in seiner Ordnung zu der Wohnung der Übrigen, und euch mit ihnen gewöhnen das Dunkle zu schauen. Denn gewöhnt ihr euch hinein: so werdet ihr tausendmal besser als die dortigen sehen, und jedes Schattenbild erkennen was es ist und wovon, weil ihr das schöne, gute und gerechte selbst in der Wahrheit gesehen habt. Und so wird uns und euch der Staat wachend verwaltet werden und nicht träumend, wie jetzt die meisten von solchen verwaltet werden, welche Schattengefecht miteinander treiben und sich entzweien um die Obergewalt, als ob sie ein gar großes Gut wäre. Das Wahre daran ist aber dieses, der Staat, in welchem die zur Regierung berufenen am wenigsten Lust haben zu regieren, wird notwendig am besten und ruhigsten verwaltet werden, der aber entgegengesetzte Regenten bekommen hat, auch entgegengesetzt. – Ganz gewiß, sagte er. – Meinst du nun, daß unsere Zöglinge uns ungehorsam sein werden, wenn sie dies hören, und sich nicht jeder an seinem Teil im Staate werden mitplagen wollen, die übrige viele Zeit aber mit einander im reinen wohnen?

Unmöglich! antwortete er; denn nur Gerechtes fordern wir ja von Gerechten. Auf alle Weise jedoch werden sie nur recht wie zu etwas notwendigem jeder zu seiner Amtsführung gehn, ganz das Gegenteil von denen die jetzt in den Staaten regieren. – Denn so verhält es sich, Freund, sprach ich. Wenn du denen, welche regieren sollen, eine Lebensweise ausfindest, welche besser ist als das Regieren, dann kannst du es dahin bringen, daß der Staat wohl verwaltet werde; denn in einem solchen allein werden die wahrhaft Reichen regieren, die es nicht an Golde sind, sondern woran der Glückselige reich sein soll, an tüchtigem und vernunftmäßigem Leben. Wenn aber Hungerleider und Arme an eigenem Gut an die öffentlichen Angelegenheiten gehn, in der Meinung von dort her Gutes an sich reißen zu müssen: so geht es nicht. Denn wird die Verwaltung etwas, worum man sich reißt und schlägt: so muß ein solcher einheimischer und innerer Krieg die Kriegführenden selbst und den übrigen Staat verderben. – Vollkommen richtig, sagte er. – Kennst du nun, sprach ich, eine andere Lebensweise, welche aus der bürgerlichen Gewalt wenig macht, als die der ächten Philosophie? – Keine beim Zeus, sprach er. – Nun aber sollen ja nicht Liebhaber des

Regierens dazu gelangen, weil sie sonst als Mitbewerber darum streiten werden. – Freilich. – Welche Andere also willst du nötigen mit der Fürsorge für den Staat sich zu befassen, als welche sowohl dessen am kundigsten sind, wodurch ein Staat gut verwaltet wird, als auch welche zugleich andere Belohnungen kennen und eine andere Lebensweise als die staatsmännische? – Keine Andere, sagte er.

Willst du also, daß wir nun schon dieses überlegen, auf welche Weise wir zu solchen gelangen, und wie man sie ans Licht heraufbringt nach Art Einiger, von denen erzählt wird, sie seien aus der Unterwelt zu den Göttern hinaufgestiegen? – Wie sollte ich nicht wollen! sagte er. – Das ist nun freilich, scheint es, nicht wie sich eine Scherbe umwendet, sondern es ist eine Umlenkung der Seele, welche aus einem gleichsam nächtlichen Tage zu dem wahren Tage des Seienden jene Auffahrt antritt, welche wir eben die wahre Philosophie nennen wollen. – Allerdings. – Also müssen wir sehen, welche unter allen Kenntnissen eine solche Kraft habe? – Wie sollten wir nicht! – Welche Wissenschaft also o Glaukon könnte wohl ein solcher Zug sein für die Seele von dem Werdenden zu dem Seienden?

Dieses aber fällt mir eben noch ein indem ich rede; sagten wir nicht, unsere Herrscher müßten notwendig in ihrer Jugend wackre Kriegskämpfer sein? – Das sagten wir. – Also muß ja wohl die Wissenschaft die wir suchen auch dieses noch dazu haben außer jenem. – Was denn? – Kriegerischen Männern nicht unbrauchbar zu sein. – Das muß sie, wenn es angeht. – In der Gymnastik und Musik aber sind sie uns ja zuvor schon unterwiesen worden. – So war es, sagte er. – Und die Gymnastik hat es doch ganz mit einem Werdenden und Vergänglichen zu tun, denn sie führt Aufsicht über Wachstum und Verfall des Leibes. – Offenbar. – Diese also wäre nicht die gesuchte Wissenschaft. – Freilich nicht. – Aber etwa die Musik, wie wir sie früher beschrieben haben? – Aber die war ja, sagte er, ein Gegenstück zur Gymnastik, wenn du dich erinnerst. Sie erzog durch Gewöhnungen unsere Wächter mittelst des Wohlklanges eine gewisse Wohlgestimmtheit nicht Wissenschaft ihnen einflößend, und mittelst des Zeitmaßes die Wohlgemessenheit, woneben sie in Reden noch anderes diesem ähnliches hatte, mochten es nun die fabelhafteren sein oder die der Wahrheit verwandteren; eine Wissenschaft aber, die zu demjenigen gut ist was du jetzt suchst, war wohl gar nicht in ihr. – Auf das genaueste, sprach ich, bringst du es mir in Erinnerung. Denn dergleichen hatte sie in der Tat nicht.

Aber, bester Glaukon, wo wäre nun eine solche? Die Künste dünkten uns doch insgesamt unedel zu sein? – Freilich. – Also was für eine andere Kenntnis bleibt uns noch übrig, wenn Musik Gymnastik und Gewerbskünste ausgeschlossen sind? Wohl, sagte ich, wenn wir außer diesen nichts mehr finden können: so laß uns etwas von dem nehmen, was sich auf sie alle bezieht. – Was doch?

Wie jenes gemeine, dessen alle Künste und Verständnisse und Wissenschaften noch dazu bedürfen, was auch jeder mir zuerst lernen muß. – Was denn? sagte er. – Jenes schlichte, sprach ich, die Eins und zwei und drei zu verstehen; ich nenne es aber, um es kurz zusammenzufassen, Zahl und Rechnung. Oder ist es damit nicht so, daß jegliche Kunst und Wissenschaft daran teilnehmen muß? – Gar sehr, sagte er. – Nicht auch, sprach ich, die Kriegskunst? – Diese nun ganz notwendig, sagte er. – Wenigstens, sagte ich, den Agamemnon stellt doch in der Tragödie Palamedes überall als einen ganz lächerlichen Feldherrn dar. Oder besinnst du dich nicht, daß er sagt, nachdem er die Zahl ausgemittelt, habe er die Ordnungen dem Heer eingerichtet vor Ilion, und die Schiffe und alles andere gezählt, als ob sie vorher wären ungezählt gewesen, und Agamemnon, wie es scheint, nicht einmal gewußt habe wieviel Füße er hatte, wenn er ja nicht zählen konnte. Und was für ein Feldherr muß er also wohl gewesen sein? – Ein gar abgeschmackter, sagte er, wenn das wahr ist. – Wollen wir also nicht festsetzen, daß für einen Kriegsmann zählen und rechnen können eine notwendige Kenntnis sei?

Diese wohl vorzüglich, sagte er, wenn er nur etwas von den Aufstellungen verstehn, ja wenn er nur ein Mensch sein soll. – Denkst du nun, sprach ich, über diese Kenntnis eben das was ich? – Was denn? – Sie mag wohl zu dem auf die Vernunfteinsicht führenden, was wir suchen, ihrer Natur nach gehören, niemand aber sich ihrer recht als eines auf alle Weise zum Sein hinziehenden bedienen. – Wie, sagte er, meinst du das? – Ich will versuchen, sprach ich, deutlich zu machen wie es mir vorkommt. Wie ich aber bei mir selbst unterscheide, was ein Leitungsmittel zu dem ist, wovon wir reden, und was nicht, das betrachte zuerst mit mir, und stimme dann bei oder stimme ab, damit wir auch dieses deutlicher sehen, ob es so ist wie mir ahndet. – Zeige es nur, sagte er. – Ich zeige dir also, sprach ich, wenn du es siehst, in den Wahrnehmungen einiges, was gar nicht die Vernunft zur Betrachtung auffordert, als werde es schon hinreichend durch die Wahrnehmung bestimmt, anderes hingegen, was auf alle Weise jene herbeiruft zur Betrachtung, als ob dabei die Wahrnehmung nichts gesundes ausrichte. – Offenbar, sagte er, meinst du was sich nur von ferne zeigt und was nach Licht und Schatten gezeichnet ist. – Diesmal, sprach ich, hast du gar nicht getroffen, was ich meine.

Was also, sagte er, meinst du denn? – Nicht auffordernd, sprach ich, ist das, was nicht in eine entgegengesetzte Wahrnehmung zugleich ausschlägt; was aber dazu ausschlägt setze ich als auffordernd, weil die Wahrnehmung nun dieses um nichts mehr als sein Gegenteil kund gibt, sie mag nun von nahem darauf zukommen oder von weitem. So wirst du aber wohl deutlicher sehen, was ich meine. Dies, sagen wir also, wären drei Finger, der kleinste und hier der andere und der mittlere. – Ja, sagte er. – Und denke, daß ich von ihnen als in der Nähe gesehenen rede. Betrachte mir aber nun dieses an ihnen. – Was doch? – Ein Finger ist offenbar jeder von ihnen auf gleiche Weise, und in sofern ist es ganz einerlei, ob man ihn in der Mitte sieht oder am Ende, und ob er weiß ist oder schwarz, stark oder dünn, und was noch mehr dergleichen, denn durch alles dieses wird die Seele der Meisten nicht aufgefordert die Vernunft weiter zu fragen, was wohl ein Finger ist; denn nirgends hat ihnen derselbe Anblick gezeigt, daß ein Finger auch das Gegenteil von einem Finger ist. – Freilich nicht, sagte er. – Dies wäre also offenbar nicht die Vernunft auffordernd oder aufregend.. – Offenbar nicht. – Wie aber ihre Größe und Kleinheit? sieht auch die das Gesicht hinreichend, und so daß es ihm keinen Unterschied macht, ob einer in der Mitte liegt oder am Ende? und erkennt eben so Dicke und Dünnheit, Weichheit und Härte das Gefühl? und zeigen nicht ebenfalls die andern Sinne dergleichen alles nur mangelhaft an? Oder geht es nicht in jedem Sinne so, daß zuerst der über das Harte gesetzte Sinn auch über das Weiche muß gesetzt sein, und der Seele wahrnehmend hartes und weiches als dasselbe meldet? – So ist es, sagte er.

Muß nun nicht hiebei die Seele zweifelhaft werden, als was ihr doch die Wahrnehmung das harte andeutet, wenn sie doch dasselbe weich nennt, und so auch die des leichten und schweren, als was doch leicht und schwer, wenn sie doch das schwere als leicht und das leichte als schwer kund gibt. – Freilich, sagte er, müssen diese Aussagen der Seele gar wunderlich erscheinen und näherer Betrachtung bedürftig. – Natürlich also versucht die Seele bei dergleichen zuerst Überlegung und Vernunft herbeirufend zu erwägen, ob jedes solche angemeldete eins ist oder zwei. – Natürlich. – Und erscheint es als zwei, so ist doch jedes von beiden ein anderes und eines. – Ja. – Und wenn jedes von beiden Eins ist und beide zwei, so erkennt sie doch zwei gesonderte, denn ungesondert würde sie nicht zweie erkennen, sondern Eins. –

Richtig. – Großes freilich und kleines, sagten wir, sah auch das Gesicht, aber nicht gesondert, sondern als ein vermischtes. Nicht wahr? – Ja. – Um aber dieses deutlich zu machen ward die Vernunft genötiget ebenfalls großes und kleines zu sehen, nicht vermischt sondern getrennt, also auf entgegengesetzte Weise wie jenes. – Richtig. – Und nicht wahr, von daher fiel es uns zuerst ein danach zu fragen, was wohl recht das große und kleine ist? – Allerdings. – Und so nannten wir dann das eine das Erkennbare, das andere Sichtbare. – Ganz richtig, sagte er. – Dieses nun wollte ich auch jetzt sagen, daß einiges auffordernd für die Vernunft ist, anderes nicht; was nämlich in die Sinne fällt zugleich mit seinem Gegenteil als auffordernd setzend, was aber nicht als nicht erregend für die Vernunft. – Jetzt verstehe ich es schon, sagte er, und es dünkt mich auch so. – Wie nun die Zahl und die Einheit, zu welchem von beiden scheinen sie dir zu gehören?

Ich weiß nicht, sagte er. – Berechne es nur, sprach ich, nach dem vorhergesagten. Denn wenn die Einheit deutlich genug an und für sich gesehen oder von sonst einem Sinne ergriffen wird: so könnte sie dann keine Hinleitung sein zum Wesen, eben wie wir von dem Finger sagten. Wenn aber mit ihr zugleich immer irgend ein Widerspiel von ihr gesehen wird, so daß kein Ding mehr Eins zu sein scheint, als auch das Gegenteil davon; dann wäre schon eine weiter Beurteilung nötig, und die Seele würde müssen darüber bedenklich werden und den Gedanken in sich aufregend untersuchen und weiter fragen, was doch die Einheit selbst ist. Und so gehörte dann die Beschäftigung mit der Einheit unter jene leitenden und zur Beschauung des seienden hinlenkenden. – Eben diese aber, sagte er, hat die Wahrnehmung die es mit dem Eins zu tun hat, ganz besonders an sich. Denn wir sehen dasselbige Ding zugleich als Eines und als unendlich vieles. – Wenn nun die Eins, sprach ich, so wird wohl die gesamte Zahl eben dieses an sich haben. – Allerdings. – Das Zählen aber und Rechnen hat es ganz und gar mit der Zahl zu tun. – Freilich. – Dies also zeigt sich als leitend zur Wahrheit. – Auf ganz vorzügliche Weise. – Und gehört also unter die Kenntnisse die wir suchten. Denn dem Krieger ist es seiner Aufstellungen wegen notwendig, dieses zu verstehen; dem Philosophen aber, weil er sich dabei über das Sichtbare und das Werden erheben und das Wesen ergreifen muß, oder er ist doch nie der eigentliche Rechner. – So ist es, sagte er. – Unser Staatswächter aber ist ein Krieger und ein Philosoph.

Wie sollte er nicht! – So wäre denn die Kenntnis ganz geeignet, o Glaukon, sie gesetzlich einzuführen, und die, welche an dem größten im Staate teilhaben sollen zu überreden, daß sie sich an die Rechenkunst geben und sich mit ihr beschäftigen, nicht auf gemeine Weise, sondern bis sie zur Anschauung der Natur der Zahlen gekommen sind durch die Vernunft selbst, nicht Kaufs und Verkaufs wegen wie Handelsleute und Krämer darüber nachsinnend, sondern zum Behuf des Krieges und wegen der Seele selbst und der Leichtigkeit ihrer Umkehr von dem Werden zum Sein und zur Wahrheit. – Sehr wohl gesprochen, sagte er. – Und nun, sprach ich, begreife ich auch, nachdem die Kenntnis des Rechnens so beschrieben ist, wie herrlich sie ist und uns vielfältig nützlich zu dem was wir wollen, wenn einer sie des Wissens wegen betreibt und nicht etwa des Handels wegen. – Wie so, sagte er? – Dadurch ja was wir eben sagten, wie sehr sie die Seele in die Höhe führt und sie nötiget mit den Zahlen selbst sich zu beschäftigen, nimmer zufrieden, wenn einer ihr Zahlen, welche sichtbare und greifliche Körper haben, vorhält und darüber redet. Denn du weißt doch, die sich hierauf verstehen, wenn einer die Einheit selbst im Gedanken zerschneiden will, wie sie ihn auslachen und es nicht gelten lassen; sondern wenn du sie zerschneidest, vervielfältigen jene wieder, aus Furcht, daß die Einheit etwa nicht als Eins, sondern als viele Teile angesehen werde.

Ganz richtig, sagte er. – Was meinst du nun, Glaukon, wenn jemand sie fragte, Ihr wunderlichen, von was für Zahlen redet ihr denn, in welchen die Einheit so ist wie ihr sie wollt, jede ganz jeder gleich und nicht im mindesten verschieden, und keinen Teil in sich habend, was denkst du würden sie antworten? – Ich denke dieses, daß sie von denen reden, welche man nur denken kann, unmöglich aber auf irgend eine andere Art handhaben. – Siehst du also, sprach ich, Lieber, wie notwendig diese Kenntnis uns in der Tat sein muß, da sie die Seele so offenbar nötigt sich der Vernunft selbst zu bedienen zum Behuf der Wahrheit selbst? – Gar sehr freilich, sagte er, teile sie dieses. – Und wie hast du wohl dies schon bemerkt, wie die, welche von Natur Zahlkünstler sind, auch in allen andern Kenntnissen sich schnell fassend zeigen, die von Natur langsamen aber, wenn sie im Rechnen unterrichtet und geübt sind, sollten sie auch keinen andern Nutzen daraus ziehn, wenigstens darin alle gewinnen, daß sie in schneller Fassungskraft sich selbst übertreffen. – So ist es, sagte er. – Und gewiß auch, wie ich denke, wirst du nicht leicht vieles finden, was dem Lernenden und Übenden so viel Mühe machte als eben dieses. – Gewiß nicht. – Aus allen diesen Gründen also dürfen wir die Kenntnis nicht loslassen, sondern die edelsten

Naturen müssen darin unterwiesen werden. – Ich stimme ein, sagte er. –

Dies eine also, sprach ich, stehe uns fest. Das andere aber, was damit zusammenhängt, wollen wir auch sehn ob uns das etwas nützt? – Welches, fragte er? oder meinst du die Meßkunst? – Eben diese, sprach ich. – Was nun an ihr auf das Kriegswesen Bezug hat, sagte er, so ist wohl offenbar, daß dieses nützt. Denn um Lager abzustecken, feste Plätze einzunehmen, das Heer zusammenzuziehn oder auszudehnen und für alles was die Richtung des Heeres in den Gefechten selbst und auf den Märschen betrifft, wird es einen großen Unterschied machen ob einer ein Meßkünstler ist oder nicht. – Zu dem allen, sagte ich, ist freilich ein sehr kleiner Teil der Rechenkunst und der Meßkunst hinreichend; der größere und weiter vorschreitende Teil derselben aber, laß uns zusehen ob der einen Bezug hat auf jenes, nämlich zu machen, daß die Idee des Guten leichter gesehen werde. Es trägt aber, sagten wir, alles dasjenige hiezu bei, was die Seele nötiget sich nach jener Gegend hinzuwenden, wo das seligste von allem Seienden sich befindet, welches eben sie auf jede Weise sehen soll. – Richtig gesprochen, sagte er.

Also wenn die Meßkunst uns nötiget das Sein anzuschauen, so nutzt sie; wenn das Werden, so nutzt sie nicht. – Das behaupten wir freilich. – Und dieses, sprach ich, wird uns wohl niemand, wer nur ein weniges von Meßkunst versteht, bestreiten, daß diese Wissenschaft ganz anders ist, als die welche sie bearbeiten darüber reden. – Wie so? – Sie reden nämlich gar lächerlich und notdürftig; denn es kommt heraus, als ob sie etwas ausrichteten, und als ob sie eines Geschäftes wegen ihren ganzen Vortrag machten, wenn sie quadrieren, verlängern, zusammennehmen und was sie sonst für Ausdrücke haben; die ganze Sache aber wird bloß der Erkenntnis wegen betrieben. – Allerdings, sagte er. – Und ist nicht auch noch dies einzuräumen? – Was doch? – Daß wegen der Erkenntnis des immer seienden, nicht des bald entstehenden bald vergehenden? – Leicht einzuräumen, sagte er. Denn offenbar ist die Meßkunst die Kenntnis des immerseienden. – Also, Bester, wäre sie auch eine Leitung der Seele zum Wesen hin und ein Bildungsmittel philosophischer Gesinnung, daß man nämlich oben habe, was wir jetzt gar nicht geziemend nach unten halten. – So sehr als möglich tut sie das. – So sehr als möglich müssen wir also, sprach ich, darauf halten, daß dir die Leute in deinem Schönstaate der Geometrie nicht unkundig seien. Und auch der Nebengewinn davon ist nicht unbedeutend. – Welcher? – Dessen du erwähntest in Bezug auf den Krieg; ja auch bei allen andern Kenntnissen, um sie vollkommner aufzufassen, wird ein gewaltiger Unterschied sein zwischen denen, die sich mit Geometrie abgegeben haben und die nicht. – Ein gänzlicher beim Zeus, sagte er. – Also diese zweite Kenntnis wollen wir unserer Jugend aufgeben. – Das wollen wir. –

Und wie? die Sternkunde etwa als die dritte? oder meinst du nicht? – Ich gewiß, sagte er. Denn die Zeiten immer genauer zu bemerken der Monate sowohl als der Jahre ist nicht nur dem Ackerbau heilsam und der Schiffahrt, sondern auch der Kriegskunst nicht minder. – Wie anmutig du bist, sprach ich, daß du scheinst die Leute zu fürchten, sie möchten meinen du wollest unnütze Kenntnisse aufbringen. Das aber ist die Sache, nichts geringes, jedoch schwer zu glauben, daß durch jede dieser Kenntnisse ein Sinn der Seele gereinigt wird und aufgeregt, der unter andern Beschäftigungen verloren geht und erblindet, da doch an dessen Erhaltung mehr gelegen ist als an tausend Augen; denn durch ihn allein wird die Wahrheit gesehen. Die nun dieser Meinung auch sind, werden deine Rede, es ist nicht zu sagen wie, vortrefflich finden; die aber hiervon noch nichts irgend gemerkt haben, werden ganz natürlich glauben, daß du nichts sagest. Denn einen andern Nutzen, der der Rede wert wäre, sehn sie nicht dabei.

So sieh nun lieber gleich, zu welchen von beiden du redest, oder ob du für keinen von beiden Teilen, sondern dein selbst wegen vorzüglich die Sache untersuchst, nur aber auch niemanden mißgönnen willst, wer etwa noch einen Nutzen davon haben kann. – So, sprach er, will ich am liebsten vorzüglich mein selbst wegen reden sowohl als auch fragen und antworten. – So lenke denn, sprach ich, wieder zurück. Denn nicht richtig haben wir jetzt eben das nächste an der Meßkunde angegeben. – Wie so, fragte er. – Indem wir, sprach ich, nach der Fläche gleich den Körper in Bewegung nahmen, ohne ihn zuvor an und für sich betrachtet zu haben. Und es wäre doch recht, gleich nach der zweiten Ausdehnung die dritte zu nehmen. Diese hat es aber zu tun mit der Ausdehnung des Würfels und mit allem was Tiefe hat. – Richtig, sagte er. Aber dies, o Sokrates, scheint noch nicht gefunden zu sein. – Und zwar, sprach ich, aus doppelter Ursache; sowohl weil kein Staat den rechten Wert darauf legt, wird hierin nur wenig erforscht bei der Schwierigkeit der Sache, als auch bedürfen die Forschenden eines Anführers, ohne den sie nicht leicht etwas finden werden, und der wird sich zuerst schwerlich finden, und wenn er sich auch fände, würden ihm, wie die Sache jetzt steht, die, welche in diesen Dingen forschen, weil sie sich selbst zuviel dünken, nicht gehorchen. Wenn aber ein ganzer Staat sich an die Spitze stellte, der die Sache gehörig zu schätzen wüßte: so würden sowohl diese gehorchen als auch die Sache würde, wenn anhaltend und angestrengt untersucht, wohl ans Licht kommen müssen, wie sie sich verhält, da sie schon jetzt, wiewohl von den meisten gar nicht geachtet, sondern eher gehemmt, und von den Forschenden selbst, welche die rechte Einsicht nicht haben, nur so weit als sie nützlich ist, dennoch dem allen zum Trotz vermöge ihres innern Reizes gedeiht, und man sich gar nicht wundern muß, daß sie so weit ans Licht gekommen ist. – Anziehend, sagte er, ist sie freilich ganz besonders.

Aber erkläre mir noch deutlicher, was du eben meintest. Die ganze Lehre von den Ebenen nanntest du doch Geometrie. – Ja, sprach ich. – Und dann zunächst ihr erst die Astronomie, darauf aber lenktest du um. – Eilfertig, sprach ich, alles recht schnell durchzunehmen, verspätete ich mich vielmehr. Denn da die Methode die Tiefe oder das Körperliche zu finden das nächste war, übersprang ich diese, weil es mit der Untersuchung noch lächerlich steht, und nannte nächst der Meßkunde die Sternkunde, die es mit der Bewegung des körperlichen zu tun hat. – Richtig gesprochen. – So wollen wir denn, sprach ich, die Sternkunde als die vierte setzen, als würde die jetzt ausgelassene sich schon einstellen, wenn nur ein Staat sich darum bekümmerte. – Natürlich! sagte er. Und was du mir eben tadeltest, o Sokrates, wegen der Sternkunde, daß ich sie auf gemeine Art gelobt, so will ich sie jetzt so wie du sie auch treibst loben. Denn das dünkt mich jedem deutlich, daß diese die Seele nötigt nach oben zu sehen, und von dem hiesigen dorthin führt. – Vielleicht, sprach ich, ist es jedem deutlich außer mir; denn mir scheint es nicht so.

Sondern wie? – Daß sie, wie sich jetzt die, welche sie als Philosophie erheben wollen, mit ihr beschäftigen, grade unterwärts sehen macht. – Wie meinst du das? fragte er. – Gar vornehm, sprach ich, scheinst du mir die Kenntnis von dem was droben ist bei dir selbst zu bestimmen was sie ist. Denn du wirst wohl auch, wenn einer Gemälde an der Decke betrachtet und hinaufgereckt etwas unterscheidet, glauben, daß der mit der Vernunft betrachtet und nicht mit den Augen. Vielleicht nun ist deine Ansicht die rechte, meine aber einfältig. Denn ich kann wieder nicht glauben, daß irgend eine andere Kenntnis die Seele nach oben schauen mache als die des seienden und unsichtbaren; mag einer nun nach oben gereckt oder nach unten blinzelnd hievon etwas lernen. Wenn aber einer auch noch so sehr nach oben gereckt irgend wahrnehmbares in sich aufzunehmen trachtet: so läugne ich sogar, daß er etwas lerne, weil es von nichts dergleichen eine Wissenschaft gibt, und daß je seine Seele aufwärts schaue, sondern nur unterwärts, und wenn er auch ganz auf dem Rücken liegend in die Höhe guckte zu Wasser oder zu Lande. – Da ist mir recht geschehen, sagte er, und wohlverdient hast du mich gescholten. Aber wie meinst du, müsse man die Sternkunde anders lernen als jetzt geschieht, wenn sie mit Augen für das was wir meinen erlernt werden soll?

So, sprach ich, daß man diese Gebilde am Himmel, da sie doch im sichtbaren gebildet sind, zwar für das beste und vollkommenste in dieser Art halte, aber doch weit hinter dem wahrhaften zurückbleibend, in was für Bewegungen die Geschwindigkeit, welche ist, und die Langsamkeit, welche ist, sich nach der wahrhaften Zahl und allen wahrhaften Figuren gegen einander bewegen und was darin ist forttreiben, welches alles nur mit der Vernunft zu fassen ist, mit dem Gesicht aber nicht. Oder meinst du etwa? – Keinesweges wohl. – Also, sprach ich, jene bunte Arbeit am Himmel muß man nur als Beispiele gebrauchen um jenes nämlich zu erlernen, wie wenn einer auf des Daidalos oder eines andern Künstlers oder Malers vortrefflich gezeichnete und fleißig ausgearbeitete Vorzeichnungen trifft. Denn wenn einer, der sich auf

Meßkunde versteht, diese sieht, so wird er wohl finden, daß sie vortrefflich gearbeitet sind, aber lächerlich doch diese im Ernst darauf anzusehn, als ob man darin das Wesen des Gleichen oder Doppelten oder irgend eines anderen Verhältnisses fassen könnte. – Wie sollte das nicht lächerlich sein! sagte er. – Meinst du nun nicht, sprach ich, es werde dem wahrhaft Sternkundigen eben so ergehen, wenn er die Bewegungen, der Gestirne betrachtet? er werde zwar glauben so vortrefflich als nur immer dergleichen Werke zusammengesetzt sein können, sei gewiß von dem Bildner des Himmels dieser und was in ihm ist auch zusammengesetzt; aber das Verhältnis der Nacht zum Tage und dieser zum Monat und des Monates zum Jahr und der andern Gestirne zu diesen und unter sich, meinst du nicht er werde den für ungereimt halten, welcher behauptet diese erfolgen immer auf die gleiche Weise ohne je um das mindeste abzuweichen, da sie doch Körper haben und sichtbar sind, und man müsse auf jede Weise versuchen an ihnen das Wesen zu erfassen?

Das dünkt mich nun auch, sprach er, da ich dich höre. – Also, sprach ich, um uns der Aufgaben zu bedienen, welche sie darbietet, wollen wir wie die Meßkunde so auch die Sternkunde herbeiholen, was aber am Himmel ist lassen, wenn es uns anders darum zu tun ist, wahrhaft der Sternkunde uns befleißigend das von Natur vernünftige in unserer Seele aus unbrauchbarem brauchbar zu machen. – Da gibst du vielmal mehr zu tun als jetzt bei der Sternkunde geschieht. – Und ich denke wohl, sagte ich, wir werden es mit allem andern eben so einrichten müssen, wenn wir als Gesetzgeber etwas nutz sein wollen.

Aber was hast du nun noch in Erinnerung zu bringen von hieher gehörigen Kenntnissen? – Nichts jetzt sogleich, sagte er. – Aber die Bewegung selbst, sprach ich, stellt uns nicht eine, sondern mehrere Arten dar; sie nun insgesamt mag ein Sachkundiger aufzuführen wissen, die aber auch uns gleich auffallen, deren sind zwei. – Was für welche? – Es scheinen ja, sprach ich, wie für die Sternkunde die Augen gemacht sind, so für die harmonische Bewegung die Ohren gemacht, und dieses zwei verschwisterte Wissenschaften zu sein, wie die Pythagoräer behaupten und wir zugeben, oder wie sonst tun? – Zugeben. – Also sprach ich, weil das eine weitläuftige Sache ist, wollen wir nur von jenen vernehmen, was sie darüber sagen, und ob noch etwas anderes zu diesem; wir aber wollen außer dem allen das unsrige wohl in Acht nehmen. – Was doch? – Daß nicht unseren Zöglingen einfalle etwas hievon unvollständig zu lernen, so daß es nicht jedesmal dahin ausgeht, worauf alles führen soll, wie wir eben von der Sternkunde sagten. Oder weißt du nicht, daß sie es mit der Harmonie eben so machen? wenn sie nämlich die wirklich gehörten Akkorde und Töne gegen einander messen, mühen sie sich eben wie die Sternkundigen mit etwas ab, womit sie nicht zu Stande kommen. – Bei den Göttern, sagte er, und gar lächerlich halten sie bei ihren sogenannten Heranstimmungen das Ohr hin, als ob sie den Ton von seinem Nachbar ablauschen wollten, da denn einige behaupten sie hätten noch einen Unterschied des Tones, und dies sei das kleinste Intervall, nach welchem man messen müsse, andere aber läugnen es und sagen, sie klängen nun schon ganz gleich, beide aber halten das Ohr höher als die Vernunft. – Du, sprach ich, meinst jene Guten, welche die Saiten ängstigen und quälen und auf den Wirbeln spannen. Damit aber die Erzählung nicht zu lang werde, will ich dir die Schläge mit dem Hammer und das Ansprechen und Versagen und die Sprödigkeit der Saiten, diese ganze Geschichte will ich dir schenken, und läugne, daß diese Leute etwas von der Sache sagen, sondern vielmehr jene, von denen wir eben sagten, wir wollten sie der Harmonie wegen befragen. Denn diese hier machen es eben so wie jene Astronomen, nämlich sie suchen in diesen wirklich gehörten Akkorden die Zahlen, aber sie steigen nicht zu Aufgaben, um zu suchen welches harmonische Zahlen sind und welches nicht, und weshalb beides. – Das ist auch, sagte er, eine gar wundervolle Sache.

Sehr nützlich allerdings, sprach ich, für die Auffindung des Guten und Schönen, wenn man sie aber auf andere Weise betreibt, ganz unnütz. – Wahrscheinlich wohl, sagte er. – Ich meines Teils denke, fuhr ich fort, wenn die Bearbeitung der Gegenstände, die wir bis jetzt durchgegangen sind, auf deren Gemeinschaft unter sich und Verwandtschaft gerichtet ist und sie zusammengebracht werden wie sie zusammen gehören, so kann diese Beschäftigung schon etwas beitragen zu dem was wir wollen, und ist dann keine unnütze Mühe; wenn aber nicht, so ist sie unnütz. – So ahndet auch mir, sagte er, aber das ist gar ein großes Werk, o Sokrates. – Schon das Vorspiel, sprach ich, oder was meinst du? Oder wissen wir nicht, daß alles dies nur das Vorspiel ist zu der Melodie, welche eigentlich soll erlernt werden? Denn du meinst doch nicht, daß die in diesen Dingen stark sind, schon die Dialektiker sind? – Nein beim Zeus, außer nur gar wenige von denen die mir bekannt geworden. – Aber auch das doch nicht, daß solche, die nicht einmal vermögen irgend Rede zu stehen oder zu fordern, irgend etwas wissen werden von dem was man wie wir sagen wissen muß? – Auch das gewiß nicht, sagte er. – Also dieses, o Glaukon, ist nun wohl die Melodie oder der

Satz selbst, was die Dialektik ausführt? von dem auch, wie er nur mit dem Gedanken gefaßt wird, jenes Vermögen des Gesichts ein Abbild ist, von welchem wir sagten, daß es bestrebt sei auf die Tiere selbst zu schauen und auf die Gestirne selbst ja zuletzt auch auf die Sonne selbst. So auch wenn einer unternimmt Rede zu geben, der zielt ohne alle Wahrnehmung nur mittelst des Wortes und Gedanken auf das selbst was jedes ist; und wenn er nicht eher abläßt, bis er, was das Gute selbst ist, mit der Erkenntnis gefaßt hat, dann ist er an dem Ziel alles Erkennbaren, wie jener dort am Ziel alles Sichtbaren. – Auf alle Weise. – Und diesen Weg nennst du den nicht den dialektischen? – Wie sonst?

Die Lösung aber von den Banden und die Umwendung von den Schatten zu den Bildern selbst und zum Licht, und das Hinaufsteigen aus dem unterirdischen Aufenthalt an den Tag und dort auf die Tiere und Pflanzen selbst zwar und auf das Licht der Sonne nur mit Unvermögen hinschauen, wohl aber auf deren Abbilder im Wasser, hier aber auf göttliche Abbilder und Schatten des Seienden nicht der Bilder Schatten, welche durch ein anderes in Vergleich mit der Sonne eben solches Licht abgeschattet wären: das ist die Kraft, welche die gesamte Beschäftigung mit den Künsten besitzt, welche wir durchgenommen haben; und solche Anleitung gewähren sie dem besten in der Seele zum Anschauen des trefflichsten unter dem Seienden wie dort dem untrüglichsten am Leibe zu der des glänzendsten in dem körperlichen und sichtbaren Gebiet. – Ich, sprach er, nehme es so an; wiewohl es mir gar schwer scheint es anzunehmen, dann aber auch wieder schwer es nicht anzunehmen. Doch, denn man muß das ja nicht diesmal nur hören, sondern noch gar oft darauf zurückkommen, laß uns setzen, dies verhielte sich wie eben gesagt wird, und laß uns nun zu dem Satz selbst gehen und ihn eben so durchnehmen, wie wir das Vorspiel durchgenommen haben. Sprich daher, welches ist das eigentümliche Wesen der Dialektik, in was für Arten zerfällt sie, und welches sind die Wege zu ihr; denn diese wären es nun endlich, dünkt mich, die dahin führen, wo für den Angekommenen Ruhe ist vom Wege und Ende der Wanderschaft. – Du wirst nur, sprach ich, lieber Glaukon, nicht mehr im Stande sein zu folgen!

Denn an meiner Bereitwilligkeit soll es nicht liegen und du sollst nicht mehr nur ein Bild dessen, wovon wir reden, sehen, sondern die Sache selbst so gut sie sich mir wenigstens zeigt; ob nun richtig oder nicht, das darf ich nicht behaupten, aber daß es etwas solches gibt muß behauptet werden. Nicht wahr? – Notwendig. – Nicht auch, daß allein die Kraft der Dialektik es dem zeigen kann, welcher der erwähnten Dinge kundig ist, sonst aber es nicht möglich ist? – Auch dies, sagte er, darf man behaupten. – Und dies wenigstens, sprach ich, wird uns wohl niemand bestreiten, wenn wir sagen, daß, was jegliches selbst sei, dies keine andere Wissenschaft sucht ordentlich von allem zu finden, sondern alle andere Künste sich entweder auf der Menschen Vorstellungen und Begierden beziehn oder auch mit Hervorbringen und Zusammensetzen oder mit Pflege des Hervorgebrachten und Zusammengesetzten zu tun haben, die übrigen aber, denen wir zugaben daß sie sich etwas mit dem Seienden befassen, die Meßkunde und was mit ihr zusammenhängt sehen wir wohl wie sie zwar träumen von dem Seienden ordentlich wachend aber es wirklich zu erkennen nicht vermögen, so lange sie Annahmen voraussetzend diese unbeweglich lassen, indem sie keine Rechenschaft davon geben können. Denn wovon der Anfang ist, was man nicht weiß, Mitte und Ende also aus diesem, was man nicht weiß, zusammengeflochten sind, wie soll wohl, was auf solche Weise angenommen wird, jemals eine Wissenschaft sein können? – Keine gewiß! sagte er.

Nun aber, sprach ich, geht die dialektische Methode allein auf diese Art alle Voraussetzungen aufhebend grade zum Anfange selbst, damit dieser fest werde, und das in Wahrheit in barbarischen

Schlamm vergrabene Auge der Seele zieht sie gelinde hervor und führt es aufwärts, wobei sie als Mitdienerinnen und Mitleiterinnen die angeführten Künste gebraucht, welche wir zwar mehrmals Wissenschaften genannt haben, der Gewohnheit gemäß, die aber eines andern Namens bedürfen, der mehr besagt als Meinung aber dunkler ist als Wissenschaft – wir haben sie aber schon früher irgendwo Verständnis genannt; indes denke ich müssen die nicht über die Wörter streiten, denen eine so große Untersuchung wie uns vorliegt. – Freilich nicht! sagte er, sondern wenn eines nur das bestimmt bezeichnet für den Vortrag was man bei sich denkt. – Es beliebt uns also, sprach ich, wie zuvor die erste Abteilung Wissenschaft zu nennen, die zweite Verständnis, die dritte Glaube, die vierte Wahrscheinlichkeit; und diese beiden zusammengenommen Meinung, jene beiden aber Erkenntnis. Und Meinung hat es mit dem Werden zu tun, Erkenntnis mit dem Sein; und wie sich Sein zum Werden verhält, so Erkenntnis zur Meinung, nämlich Wissenschaft zum Glauben, und Verständnis zur Wahrscheinlichkeit.

Das Verhältnis dessen aber, worauf sich diese beziehn, das vorstellbare und erkennbare, und die zwiefache Teilung jedes von beiden wollen wir lassen, o Glaukon, um nicht in noch vielmal größere Untersuchungen zu geraten als die vorigen. – Mir meinesteils, sagte er, gefällt das übrige alles, so weit ich folgen kann, gleichfalls. – Nennst du nun auch den den Dialektiker, der die Erklärung des Seins und Wesens eines jeden faßt? Und wer die nicht hat, wirst du nicht von dem, in wie fern er nicht im Stande ist sich und Andern Rede zu stehn, in so fern auch läugnen er habe hievon Erkenntnis? – Wie könnte ich es wohl behaupten? – Also auch eben so mit dem Guten, wer nicht im Stande ist die Idee des Guten von allem andern aussondernd durch Erklärung zu bestimmen, und wer nicht wie im Gefecht durch alle Angriffe sich durchschlagend, sie nicht nach dem Schein, sondern nach dem Sein zu verfechten suchend durch dies alles mit einer unüberwindlichen Erklärung durchkommt, von dem wirst du auch weder, daß er das Gute selbst erkenne, behaupten wollen, wenn es sich so mit ihm verhält, noch auch irgend ein anderes Gute; sondern wenn er irgend ein Bild davon trifft, daß er es durch Meinung nicht durch Wissenschaft treffe, und daß er dieses Leben verträumend und verschlummernd, ehe er hier erwacht ist, in die Unterwelt kommt und vollkommen in den tiefsten Schlaf versinkt. –

Beim Zeus, sagte er, gar sehr werde ich das alles sagen. – Und deine eignen Kinder, die du jetzt in unsrer Rede erziehst und bildest, wenn du die je in der Wirklichkeit erzögest, würdest du sie doch gewiß nicht lassen, wenn sie unvernünftig wären, wie Figuren den Staat regieren und das wichtigste von ihnen abhängig machen? - Freilich nicht. - Sondern du wirst es ihnen zum Gesetz machen, derjenigen Bildung vorzüglich nachzustreben, durch welche sie in Stand gesetzt werden so viel möglich als Wissende zu fragen und zu antworten. - Dies Gesetz werde ich allerdings geben mit dir. - Scheint dir nun nicht, sprach ich, die Dialektik recht wie der Sims über allen anderen Kenntnissen zu liegen, und über diese keine andere Kenntnis mehr mit Recht aufgesetzt werden zu können, sondern es mit den Kenntnissen hier ein Ende zu haben? - Mir wohl, sagte er.

Nun ist dir also noch die Verteilung übrig, sprach ich, wem wir diese Kenntnisse mitteilen wollen und auf welche Weise? - Offenbar, sagte er. - Erinnerst du dich nun noch unserer ersten Auswahl der Herrscher, was für welche wir ausgewählt haben? - Wie sollte ich nicht! sagte er. - Übrigens nämlich meintest du, müsse man jene Naturen auswählen; denn man müsse die festesten und tapfersten vorziehen und nach Vermögen die wohlgestaltetsten. Außerdem aber müssen wir nun noch suchen nicht nur edle und mutige von Gesinnung, sondern auch die für diesen Unterricht günstigen

Anlagen müssen sie haben. – Und welche bezeichnest du als solche? – Scharfblick, o Bester, sprach ich, müssen sie mitbringen, und nicht schwer lernen. Denn viel eher noch wird die Seele mutlos bei schwierigen Kenntnissen als bei Leibesübungen. Denn die Anstrengung ist ihr eigentümlicher, weil sie ausschließlich ist und sie sie nicht mit dem Körper teilt. – Richtig, sagte er. – Und einen von gutem Gedächtnis müssen wir suchen, der auch unermüdlich ist und außerordentlich arbeitslustig. Oder wie meinst du sonst werde einer jenes körperliche alles durcharbeiten können, und noch so große Aufgaben des Lernens und Nachdenkens vollenden?

Keiner gewiß, sagte er, der nicht in jedem Sinne gutgeartet ist. – Der jetzige Fehler wenigstens, sprach ich, und die Geringschätzung ist der Philosophie hieraus entstanden, daß man sich nicht gehörig mit ihr abgibt; denn nicht Unächte sollten es tun, sondern Ächte. – Wie meinst du das? – Zuerst, sagte ich, muß einer an der Arbeitsamkeit nicht hinken, der sich mit ihr abgeben will, daß er halb arbeitslustig ist und halb träge. Und so ist es doch, wenn einer zwar die Leibesübungen liebt und die Jagd, und wo es auf den Leib ankommt sich gern anstrengt, aber weder lernlustig ist noch hörlustig noch forschlustig, sondern in dem allen sich ungern anstrengt. Eben so hinkt nun auch, wer seine Arbeitslust nur auf die entgegengesetzte

Seite geworfen hat. – Vollkommen richtig. – Und werden wir nicht auch in Bezug auf die Wahrheit eine Seele für verstümmelt halten müssen, welche das freiwillig falsche zwar haßt, es nicht leidend an sich selbst, und wenn Andere lügen in heftigen Unwillen geratend, das unfreiwillige aber sich leicht gefallen läßt, und wenn man sie auf der Unwissenheit ertappt nicht unwillig wird, sondern gar lustig nach Schweineart in der Dummheit herumsudelt.

Allerdings, sagte er. – Auch was Besonnenheit anlangt und Tapferkeit und Großmut und alle Teile der Tugend muß man nicht weniger darauf achten, wer unächt ist und wer ächt. Denn wer dergleichen nicht zu unterscheiden weiß, es sei ein Einzelner oder ein Staat, der hat dann ohne es zu wissen hinkende und unächte, worin er nun eben auf solche treffe, jener zu Freunden, dieser zu Anführern. – Gar sehr, sagte er, verhält es sich so. – Wir aber müssen uns vor allem der Art gewaltig hüten, so daß, wenn wir nur Geradgliedrige und Geradsinnige zu so großen Unterweisungen und Übungen zulassen und ausbilden, die Gerechtigkeit selbst uns nicht wird tadeln können und wir den Staat und die Verfassung retten werden; bringen wir aber Ungeschickte dazu, so werden wir ganz das Gegenteil bewirken und der Philosophie noch mehr Gelächter zuziehn. – Das wäre ja schmählich, sagte er. – Freilich, sprach ich.

Aber Lächerliches scheint auch mir gegenwärtig begegnet zu sein. – Was doch? – Ich vergaß, daß wir scherzten, und habe die Rede zu scharf gespannt. Denn indem ich sprach, blickte ich zugleich auf die Philosophie, und da ich sie so unwürdig geschmäht sah, scheint mir, daß ich unwillig und ereifert über die Schuldigen zu ernst gesprochen habe was ich sprach. – Nein beim Zeus, sagte er, für mich wenigstens als Zuhörer nicht. – Wohl aber für mich, sprach ich, als Redner. Das aber laß uns nicht vergessen, daß bei unserer ersten Wahl wir Alte gewählt haben, bei der jetzigen dies aber nicht angehn wird. Denn es ist dem Solon nicht zu glauben, daß alternd einer noch viel zu lernen vermag, sondern noch weniger als zu laufen; vielmehr gehören alle großen und anhaltenden Anstrengungen der Jugend. – Notwendig, sagte er. – Was nun zum Rechnen und zur Meßkunde und zu allen den Vorübungen gehört, die vor der Dialektik hergehn sollen, das müssen wir ihnen als Knaben vorlegen, indem wir jedoch die Form der Belehrung nicht als einen Zwang zum Lernen einrichten. – Warum nicht? – Weil, sprach ich, kein Freier irgend eine Kenntnis auf knechtische Art lernen muß.

Denn die körperlichen Anstrengungen, wenn sie auch mit Gewalt geübt werden, machen den Leib um nichts schlechter, in der Seele aber ist keine erzwungene Kenntnis bleibend. – Richtig, sagte er. – Nicht also mit Gewalt, o Bester, sprach ich, sondern spielend beschäftige die Knaben mit diesen Kenntnissen, damit du auch desto besser sehn könnest, wohin ein jeder von Natur sich neigt. – Das hat wohl Grund, sagte er. – Erinnerst du dich nun nicht, sprach ich, daß wir sagten, man müsse die Knaben auch in den Krieg zu Pferde als Zuschauer führen, und wenn es einmal sicher ist sie auch ganz nahe hinzubringen und sie Blut kosten lassen, wie man es mit den jungen Hunden macht? – Des erinnere ich mich. – In allem diesem nun, in den Anstrengungen, dem Unterricht und den Gefahren, muß man, die jedesmal am tüchtigsten hineingehn, in eine gewisse Liste eintragen. – In welchem Alter? fragte er. – Wenn sie, sprach ich, von den notwendigen Leibesübungen losgesprochen werden. Denn diese Zeit, währe sie nun zwei oder drei Jahre, kann unmöglich noch etwas anderes ausrichten; denn Müdigkeit und Schlaf sind dem Lernen feind, auch ist dies selbst nicht eine von den kleinsten Prüfungen, wie sich jeder in den Leibesübungen zeigt. – Wie sollte es nicht. – Nach dieser Zeit aber, sprach ich, von zwanzig Jahren an sollen die vorzüglichen größere Ehre vor den andern genießen, und die den Knaben zerstreut vorgetragenen Kenntnisse müssen für sie zusammengestellt werden zu einer Übersicht der gegenseitigen Verwandtschaft der Wissenschaften und der Natur des Seienden. – Wenigstens, sprach er, wird nur das so erlernte fest sein, wem man es auch beigebracht hat. – Und, sagte ich, die stärkste Probe, wo eine dialektische Natur ist und wo nicht.

Denn wer in diese Übersicht eingeht, ist dialektisch; wer nicht, ist es nicht. – Ich stimme dir bei, sagte er. – Hierauf also, sprach ich, wirst du achten müssen, und welche unter ihnen dieses am meisten sind und beharrlich im Lernen, beharrlich auch im Kriege und in allem vorgeschriebenen, diese wiederum, wenn sie dreißig Jahre zurückgelegt haben, aus den Auserwählten auswählen und zu noch größeren Ehren erheben, um, indem du sie durch die Dialektik prüfest, zu sehen, wer von ihnen Augen und die andern Sinne fahren lassend vermag auf das Seiende selbst und die Wahrheit loszugehen. Und hier ist nun viele Behutsamkeit nötig, o Bester. – Weshalb eigentlich? fragte er. – Merkst du denn nicht, sprach ich, das jetzige Übel mit der Dialektik wie groß es ist? – Welches denn? – Daß sie ganz mit Gesetzwidrigkeit angefüllt ist. – Das freilich, sagte er. – Glaubst du also, sprach ich, daß denen etwas ganz wunderbares begegnet und verzeihst ihnen nicht? – Wie so eigentlich?

Wie wenn, sprach ich, ein untergeschobenes Kind bei großem Vermögen in einem vornehmen und ausgebreiteten Geschlecht und unter vielen Schmeichlern erzogen wäre, und wenn es ein Mann geworden erführe, es sei nicht von diesen Eltern die dafür ausgegeben worden, die wahren aber nicht auffinden könnte, kannst du wohl ahnden, wie dieser gegen die Schmeichler, und gegen die, welche ihn untergeschoben haben, gesinnt sein wird zuerst in der Zeit wo er noch nichts von dem Unterschieben wußte, und dann wieder in der, wo er es weiß? oder willst du meine Ahndung davon hören? – Das letztere will ich. – Ich ahnde also, sprach ich, daß er Vater und Mutter und die andern geglaubten Verwandten mehr ehren wird als die Schmeichler, und weniger übersehen, wenn sie etwas bedürfen, weniger auch etwas gesetzwidriges gegen sie tun oder reden, auch weniger ihnen in großen Dingen ungehorsam sein als den Schmeichlern in der Zeit, nämlich wo er die Wahrheit noch nicht weiß. – Natürlich. – Hat er aber das wahre gemerkt: so ahnde ich im Gegenteil, er werde an Ehrfurcht und Bemühung um jene nachlassen, den Schmeichlern aber davon zulegen und ihnen bei weitem mehr als zuvor folgen, ja indem er sich schon unverhohlen zu ihnen hält ganz nach ihrem Willen leben, um jenen Vater aber und die übrigen angeblichen Verwandten, wenn er nicht sehr rechtschaffen ist von Natur, sich gar nichts kümmern.

Du beschreibst alles wie es geschehen wird. Aber wie bezieht sich nun dieses Bild auf diejenigen, welche sich in jenes Gebiet des Denkens begeben? – So. Es gibt doch bei uns Lehren vom Gerechten und Schönen, unter denen wir von Kindheit an erzogen worden sind wie von den Eltern, ihnen gehorchend und sie ehrend. – So ist es. – Gibt es nun nicht auch andere diesen entgegengesetzte Bestrebungen, die Lust bei sich führen und unsern Seelen zwar schmeicheln und sie anlocken, aber doch diejenigen die auch nur einigermaßen tauglich sind nicht überreden; sondern solche ehren jene väterlichen Lehren und gehorchen denen? – Die gibt es. – Wie nun, sprach ich, wenn einem mit dem es so steht eine Frage kommt und ihn fragt, was das Schöne ist, und wenn er das antwortet, was er vom Gesetzgeber gehört hat, die Rede ihn dann bestreitet und durch öftere und vielfältige Widerlegungen ihn auf den Gedanken bringt, als sei dieses um nichts mehr schön als häßlich, und eben so mit dem gerechten und guten und was er am meisten in Ehren gehalten hat: wie meinst du wird er sich nach diesem gegen jene verhalten, was Ehrfurcht und Folgsamkeit betrifft? – Notwendig, sagte er, wird er sie weder mehr eben so ehren, noch ihnen eben so gehorchen. – Wenn er nun, sprach ich, diese nicht mehr so für ehrenwert und verwandt hält wie zuvor, aber auch das wahre nicht findet, kann er sich zu einer andern Lebensweise als jener schmeichlerischen hinneigen? – Unmöglich, sagte er. – Ein unrechtlicher also wird er geworden zu sein scheinen aus einem rechtlichen. – Notwendig. – Muß dies nun nicht ganz natürlich denen begegnen, die so an jene Untersuchungen geraten? und verdienen sie nicht, wie ich eben sagte, alle Nachsicht? – Und Mitleiden dazu, sagte er. – Also damit du dieses Mitleid nicht nötig habest bei den dreißigjährigen, so muß zu diesen Untersuchungen auf die umsichtigste Weise geschritten werden. – Gar sehr, sagte er. – Ist nun nicht schon dies, sprach ich, eine sehr große Vorsicht, wenn sie sie nicht zu jung kosten dürfen? Denn ich glaube es wird dir nicht entgangen sein, daß die Knäblein, wenn sie zuerst solche Reden kosten, damit umgehen als wenn es ein Scherz wäre, indem sie sie immer zum Widerspruch lenken, und den nachahmend der sie widerlegt wieder andere widerlegen, und ihre Freude daran haben wie Hündlein alle die ihnen nahe kommen bei der Rede zu zerren und zu rupfen. – Ganz über die Maßen, sagte er.

Wenn sie nun Viele widerlegt haben und von Vielen auch widerlegt worden sind, so geraten sie gar leicht dahinein, nichts mehr von dem zu glauben, was sie früher glaubten, und dadurch kommen denn sie und alles was die Philosophie betrifft bei den übrigen in schlechten

Ruf. – Sehr wahr, sagte er. – Wer aber schon älter ist, sprach ich, wird an solcher Torheit keinen Teil nehmen wollen, sondern lieber den, der untersuchen und die Wahrheit ans Licht bringen will, nachahmen, als den der Scherz treibt und zum Scherz widerspricht, und so wird er selbst achtbarer sein und auch die Sache zu Ehren bringen statt in Unehre. – Richtig. – Und das vor diesem gesagte ist auch alles aus Vorsicht gesagt, daß man nur sittsame und ernste Naturen soll an Untersuchungen teilnehmen lassen, und nicht so wie jetzt der erste beste der gar nicht taugt dazu gelangen kann. – Allerdings, sagte er. – Wird es nun hinreichen, daß sie bei diesen Untersuchungen angestrengt und unablässig bleiben ohne irgend etwas anderes zu tun, sondern indem sie sich auf die umgewendete Art wie früher mit dem Leibe doppelt soviel Jahre üben als damals? – Meinst du also sechs oder vier? fragte er – Einerlei! sprach ich, nimm fünfe. Aber nach diesem werden sie wieder in jene Höhle zurückgebracht und genötiget werden müssen Ämter zu übernehmen im Kriegswesen und wo es sich sonst für die Jugend schickt, damit sie auch an Erfahrung nicht hinter den Andern zurückbleiben, und auch hiebei muß man sie noch prüfen, ob sie auch werden aushalten, wenn sie so nach allen Seiten gezogen werden, oder ob sie abgleiten werden.

Wieviel Zeit aber, fragte er, setzest du hiezu aus? – Fünfzehn Jahre, sprach ich. Haben sie aber fünfzig erreicht, dann muß man, die sich gut gehalten und überall vorzüglich gezeigt hatten in Geschäften und Wissenschaften, endlich zum Ziel führen und sie nötigen das Auge der Seele aufwärts richtend in das Allen Licht bringende hineinzuschauen, und wenn sie das Gute selbst gesehn haben, dieses als Urbild gebrauchend den Staat ihre Mitbürger und sich selbst ihr übriges Leben hindurch in Ordnung zu halten, jeder in seiner Reihe, so daß sie die meiste Zeit der Philosophie widmen, jeder aber, wenn die Reihe ihn trifft, sich mit den öffentlichen Angelegenheiten abmühe und dem Staat zu Liebe die Regierung übernehme, nicht als verrichteten sie dadurch etwas schönes, sondern etwas notwendiges. Und so mögen sie denn, nachdem sie Andere immer wieder eben so erzogen und dem Staat andere solche Hüter an ihrer Stelle zurückgelassen, die Inseln der Seligen bewohnen gehn. Denkmäler aber und Opfer wird ihnen der Staat, wenn auch die Pythia damit einverstanden ist, öffentlich darbringen als guten Dämonen, wo nicht doch als seligen und göttlichen Menschen.

Vortrefflich, o Sokrates, sagte er, hast du uns die Herrscher wie ein Bildner dargestellt. – Und auch Herrscherinnen, sprach ich, o Glaukon. Denn glaube ja nicht, daß was ich gesagt, ich von Männern mehr gemeint habe als von Frauen, so viele sich von tüchtiger Natur darunter befinden. – Richtig, sagte er, wenn sie ja gleichen Teil an allem haben sollen mit den Männern wie wir ausgeführt haben. – Und gibst du zu, daß, was wir von diesem Staat und seiner Verfassung gesagt haben, nicht bloß fromme Wünsche sind, sondern schweres zwar aber doch irgendwie möglich, nur auf keine andere Weise als gesagt wurde, wenn wahrhafte Philosophen, die – einer oder mehrere – zur Obergewalt im Staat gelangt sind, mit Verachtung der jetzigen Vorzüge, weil sie diese für unedel und nichts wert halten, das Richtige, und die von diesem ausgehenden Vorzüge allein hochachten, für das allergrößte und notwendigste aber das Gerechte, und diesem dienend und es befördernd zur Einrichtung ihres Staates schreiten. – Wie aber? fragte er. – So daß sie alle, welche über zehn Jahre alt sind, hinausschicken auf das Land, und nur die jüngeren Kinder zu sich nehmen, um sie, abgesehen von den jetzt geltenden Sitten, die ja auch die Eltern haben, nach ihren eigenen Gebräuchen und Gesetzen zu erziehen, welche so sind wie wir damals ausgeführt haben. Und so wird am schnellsten und leichtesten der Staat und die Verfassung, die wir beschrieben, eingerichtet selbst glücklich sein, und dem Volk unter dem er besteht die trefflichsten Dienste leisten. – Gewiß, sagte er.

Und wie es gehen könnte, wenn es jemals gehn soll, dieses, o Sokrates, scheinst du mir vortrefflich ausgeführt zu haben. – Ist also nun nicht, sprach ich, unsere Rede vollständig von diesem Staat und dem ihm ähnlichen und angemessenen Manne? Denn auch dieser steht nun ganz deutlich vor uns, wie wir sagen werden daß er sein müsse. – Ganz deutlich, sagte er; und was du fragst scheint mir beendigt zu sein.